荊楚文庫

〔乾隆〕來鳳縣志

〔清〕林翼池 修
〔清〕蒲又洪 纂

〔康熙〕卯峒司志

〔清〕向舜 修
〔清〕向子奇 纂

荊楚文庫編纂出版委員會
湖北人民出版社

荆楚文庫

〔乾隆〕來鳳縣志

QIANLONG LAIFENG XIANZHI

〔康熙〕卯峝司志

KANGXI MAOTONGSI ZHI

圖書在版編目（CIP）數據

〔乾隆〕來鳳縣志 /〔清〕林翼池修；〔清〕蒲又洪纂．
〔康熙〕卯峝司志 /〔清〕向舜修；〔清〕向子奇纂．
—武漢：湖北人民出版社，2023.12
ISBN 978-7-216-10740-2
Ⅰ．①乾…②康…
Ⅱ．①林…②向…③蒲…④向…
Ⅲ．①來鳳縣—地方志—清代②土司制度—歷史—來鳳縣—清代
Ⅳ．①K296.34②D691.4
中國國家版本館CIP數據核字（2023）第218287號

責任編輯：陳　典　高承秀
整體設計：范漢成　曾顯惠　思　蒙
美術編輯：董　昀
責任校對：范承勇
責任印製：肖迎軍
出版發行：湖北人民出版社（中國·武漢）
地址：武漢市雄楚大道268號
電話：(027)87679656　郵政編碼：430070
録排：武漢偉創偉業廣告有限公司
印刷：湖北新華印務有限公司
開本：787mm×1092mm　1/16
印張：26.75
字數：372千字
版次：2023年12月第1版　2023年12月第1次印刷
定價：145.00元

ISBN 978-7-216-10740-2
9 787216 107402

出版説明

湖北乃九省通衢，北學南學交會融通之地，文明昌盛，歷代文獻豐厚。守望傳統，編纂荆楚文獻，湖北淵源有自。清同治年間設立官書局，以整理鄉邦文獻爲旨趣。光緒年間張之洞督鄂後，以崇文書局推進典籍集成，湖北鄉賢身體力行之，編纂《湖北文徵》，集元明清三代湖北先哲遺作，收兩千七百餘作者文八千餘篇，洋洋六百萬言。盧氏兄弟輯録湖北先賢之作而成《湖北先正遺書》。至當代，武漢多所大學、圖書館在鄉邦典籍整理方面亦多所用力。爲傳承和弘揚優秀傳統文化，湖北省委、省政府決定編纂大型歷史文獻叢書《荆楚文庫》。

《荆楚文庫》以『搶救、保護、整理、出版』湖北文獻爲宗旨，分三編集藏。

甲、文獻編。收録歷代鄂籍人士著述，長期寓居湖北人士著述，省外人士探究湖北著述。包括傳世文獻、出土文獻和民間文獻。

乙、方志編。收録歷代省志、府縣志等。

丙、研究編。收録今人研究評述荆楚人物、史地、風物的學術著作和工具書及圖册。

文獻編、方志編録籍以一九四九年爲下限。

研究編簡體横排，文獻編繁體横排，方志編影印或點校出版。

《荆楚文庫》編纂出版委員會

二〇一五年十一月

總目録

荆楚文库

〔乾隆〕來鳳縣志

〔清〕林翼池 修
〔清〕蒲又洪 纂

《荆楚文庫·方志編》編纂組

組　　長：劉偉成　陽海清（執行）

副組長：劉傑民（執行）　王　濤　謝春枝　郝　敏　嚴繼東

參編人員（以姓氏筆劃爲序）：

王　濤　李云超　宋澤宇　范志毅　郝　敏　柳　巍　馬盛南

陳建勛　夏漢群　梅　琳　陽海清　彭余焕　彭筱澂　楊愛華

雷　靜　劉水清　劉偉成　劉傑民　謝春枝　戴　波　嚴繼東

編　　審：周　榮

顧　　問：沈乃文　李國慶　吴　格

前言

《〔乾隆〕來鳳縣志》十二卷，清林翼池修，清蒲又洪纂，民國抄本。

林翼池，字鳳賓，號警齋，福建同安人，清雍正十年（一七三二）舉人，乾隆十年（一七四五）進士，乾隆二十年（一七五五）任來鳳知縣，著有《尚書捷解》《讀史約編》《知以集》等。蒲又洪，字觀齋，甘肅秦州人，增生，乾隆年間官來鳳縣丞。

來鳳古为巴子國地，春秋屬楚巫郡地；元至元三十一年（一二九四）置大旺宣撫司，屬四川行省，元末明初先後設散毛、大旺、東流、臘壁、卯峝、漫水、百户七司；雍正十三年（一七三五）改土歸流，乾隆元年（一七三六）置來鳳縣，隸施南府。

清以前縣志不存。清康熙五十九年（一七二〇）卯峝土司末代安撫使向舜纂修有《卯峝司志》六卷，有稿本流傳。林翼池知縣事，距設縣已二十年，『典籍殘缺，故老凋謝，無芻蕘之可採』，乃議修志乘，蒲又洪出其所纂縣志稿本示之，二人遂以修志爲己任，相互討論切磋，以志稿爲基礎，提綱析類，達義明例，『務期無者有，亡者存，廢者續，略者核，陋者雅，舛者正，可以勸，可以懲，可以興，可以述』。歷數月而告竣。

志分十二卷，内容依次爲星野志、輿圖志（來鳳縣總圖、來鳳縣城圖、衙署圖、文廟圖、武廟圖、城隍廟圖、十六景圖）、疆域志（里道、形勢、沿革附土司、建置、山川、古蹟、寺觀、橋梁）、食貨志（户口、田賦、積貯、水利、物産、工技附風俗）、官師志（秩官表）、學校志（御製訓飭士子文、欽頒刊刻卧碑、白鹿洞書院揭示、書籍、義學、學田）、政績志（傳贊）、軍政志（營房、關隘、鋪兵、津梁）、儀禮志（慶賀、迎春、鄉飲、救護、廟祭、壇祭）、藝文志（碑記、記、序、頌、贊、箴、詩、示）、選舉志（科貢表）、人物志（理學、行業、忠臣、孝子、義士、烈女）。卷首另收施南府知府王如珪序，林翼池、蒲又洪自序，凡例四則，目録，卷末有來鳳縣尉張成堠及董天祥跋、修志姓氏。

是志考證嚴謹，凡例云：『來鳳縣舊隸施州，從無專志，前無可考，不敢附會，兹按部延訪，量載實蹟，稍有不能自信之處，即缺略以俟來者，泛衍濫引無有也。』又云：『府州縣志俱有程式，要各就其必不可無者，分門别類，以示周備……兹據事條析，酌定各志，不敢妄爲因襲。』緣是志爲來鳳縣首志，無舊志可鑒，編者衹據采訪所收資料纂輯，無法確定事實者皆缺略不書，故事關重大者失收實多：學校志中，學官、考棚等未列子目，軍政志中，軍制、兵事亦未詳列，選舉、人物二門多空有其目。禮儀志後繼以藝文，而選舉人物卻列於藝文之後，未免輕重失序，殊乖體例。《四庫大辭典》稱：『此志修時值來鳳縣建設未久，諮詢不易，考證實難，衹將采訪所得草創成書，一縣之事實借以流傳，不得以志例繩之。』

據《中國地方志聯合目録》，是志唯國圖有藏，該藏本版面清晰，抄録工整，兹據此本影印，《國家圖書館藏地方志珍本叢刊》影印收録。另有乾隆二十一年（一七五六）刻本，國圖、故宫有藏。（彭佘焕）

目録

來鳳縣志

来鳳縣志序

施陽故衛所或謂古夜郎地邈遠難稽之

今上御極之元年初改設畫土疆六屬轄施郡

而惟来邑距郡最遠東隸南楚西抵巴蜀

尤為保障要區余自十七年奉

命守此至即索所為郡縣通志將與考在昔而

證今茲而幸無有蓋人物間出而井疆絕

舊徒致慨於文獻之無徵已比年來亦嘗
今搜散輯博採遠蒐竊成郡志一書甫
脫稿而未謀剞劂在憲前業所述而旁無
所証難以明纂例綜縷指而昭綱戒焉爾
丙子冬來令林君乃出其所為縣志稿十
二卷問余余細閱之其提綱於類援昔据
今於無可考證之中而來或雜一荒唐之

詞詢不愧
巡憲來公所稱簡括詳明其于政治之有
關民心風俗之大者間記一二以身處用
意之所存知其與蒲二令暨董司張尉之
相為諮詢于夜纏歷攷究其迹伊朝夕書
曰同寅協恭又曰思日贊之襄哉即此志
畫一斯可以見林令洪君之于治道官方

寅恭襄贊可能相與以有成也蓋施陽亦
屬新闢苗疆昔未有郡邑故未有志于今
沐浴
聖化漸摩仁恩疆里甫正學校旋興在官有循
績至野居良民而近夫遠歸慕義興行彼
地蔑有倘仍置之荒煙蔓草中舜滅堂
存物後視今猶今視昔之憾亦甚滋貽土

者之職貢答也是以於土之於志書一事視爲中域名區尤宜覽已集故不禁心喜來邑志書之將而爲之紀數言於篇首云爾

特授中憲大夫知湖北施南府事加六級紀錄十六次宛平王如珪題於清慎勤堂之東壁

來鳳縣志

三

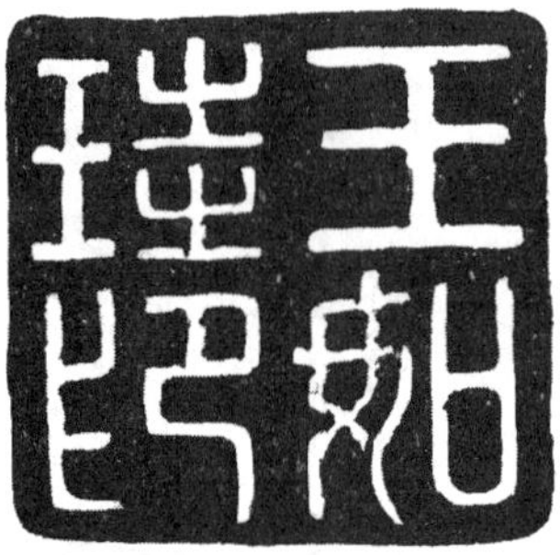

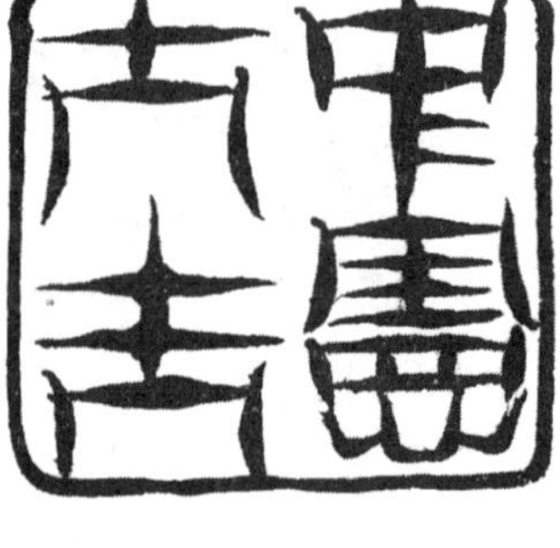

來邑昔無志非無志無邑也邑之設昉於

今上御極之元年前此未改郡縣七司仍隸施

衛地大不理菁林翳莽村閭星落其自城

邑宮室原隰關梁以及興育祀祭官秩食

貨數大端均屬荒唐

國家重熙累洽疆土式廓乃以衛所改置州

縣二十年來經理創設漸次就脩則今之

來非昔之所謂散毛臘壁之來也是烏可以無志頋志記也有紀於前者方可述於後抑志志也昔歐文忠公撰五代史大事則書意有所示則書後有所因則書所謂志是事而意有所取則作者之志不第為記事書也余以腐朽經生初莅来土視事方一載見夫五方戾止者較昔奚啻倍蓰

而皆田廬未寧婚配未定禮教未習風土情性未宜所以昔之案牘靜簡者而今稍稍就繁方慮操刀學割悵無郡紀縣志猶國之有史可以歸畫一而借龜鑑左丞觀齋蒲公就余商志事余不敢易視是事每因公躧勘道途所經輒往復迴環相陰陽瞻形勝訪舊蹟考軼事頋圖籍無稽耆舊

已沒徵文考獻之無從炊沙難以成飯況
復書慚半部才遜三長者之何能孩童學
舞耶蒲公觀齋乃出其所纂稿示余余謂
此吾儕責也無敢以不敏謝相與可否增
損搜輯採擇提綱析類達義明例務期無
者有亡者存廢者續略者覈陋者雅舛者
正可以勸可以懲可以興可以述歟亦竊

取夫大事則書意有所示後有所因則書之遺意云爾憑臆矜情余則何敢願以待宦於斯生於斯與斯者後人有志相與發明光大前人志也則是志之可大可久永蒙我

國家億萬年有道之休於茲肇之矣是為序

賜進士出身

勑授文林郎知來鳳縣事古閬中泉郡林翼池

來鳳縣志書

警齋氏撰

志者何記也記其天象記其地勢記其人事三才之道備矣來邑新闢彈丸有天道焉有地道焉有人道焉顧安可以不志苐志惟其實不惟其靈善其善惡其惡不諱于私曲董狐良史古稱之矣邑乘猶國史也寧可歧乎抑文有聞于古人之說焉傳將多于傳信善之長而惡之

短孔子曰如有所譽者其有所試
矣又曰侃惡而揚善則質直不阿左
嘗以忠厚〻意行乎其間洪才之
敏達學愧淵博何敢妄言紀述祇
以謬膺邑丞仰觀備察閱歷年所
有昭〻不可湮沒者自不容以不文
粥爰與　堂臺藝〻翁林公採輯
纂修質焉直焉以書其情實況

其不負厥體而已首星壁次疆域輿圖以至食貨官師儀禮而於其間古蹟政績藝文以次相及而惟疑以傳將善善之欲長長之意云爾至於科貢人物猶有待也特懸一格以俟來者即譽有許試之徵意也然此第草創焉耳討論修飾尚有藉于博物君子若夫質文繁簡媿美

來鳳縣志書

良吏是又仰止焉而未遑者也余何

敢云謹序

旹

乾隆二十一年歲次丙子夏四月穀旦

湖北施南府來鳳縣縣丞古咸紀觀

爲也蒲又洪題

來鳳縣志

凡例四則

一來鳳縣舊隷施州從無專志前無可考不敢附會兹按部延訪量載實蹟稍有不能自信之處即缺畧以俟來者泛衍濫引無有也

一府州縣志俱有程式要各就其必不可無者分門別類以示周備非必依樣葫蘆也兹據事條析酌定各志不敢妄為因襲

一山川地名俱依土著開載經書史冊確有可據者即引為証佐其有鄙俚無文亦依舊音改易以歸雅馴外此併仍其舊不敢紛更

一名宦鄉賢祠宇尚缺難列條類惟科貢人物雖未有其人然不可不以此期來者鄉會二試轉瞬即是邑庠廩生行將入齋明經以次挨選而忠孝廉潔又無日不在人 性行間也特創義例以待來茲不敢妄有作云

來鳳縣志目錄

古閩泉郡林翼池警齋氏
甘肅秦州蒲又洪觀齋氏 仝纂輯

來鳳縣志書　錄　十

來鳳縣志卷之一

星野志

萬物精華上聚為星在璇璣玉衡以齊七政唐虞之世欽若昊天者此也辨方正位體國經野周禮保章氏以星土辨九州我

皇上御製歷象考成闡數千百年未發之秘歷法于今為烈雖一區一隅其次合舒縮度數初終因地測天皆有成象可考茲以楚省分野稽諸記

來鳳縣志書 三

載參訂諸史據湖廣通志作星野志

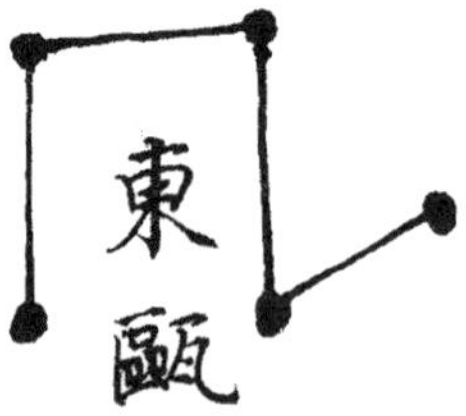

翼宿圖

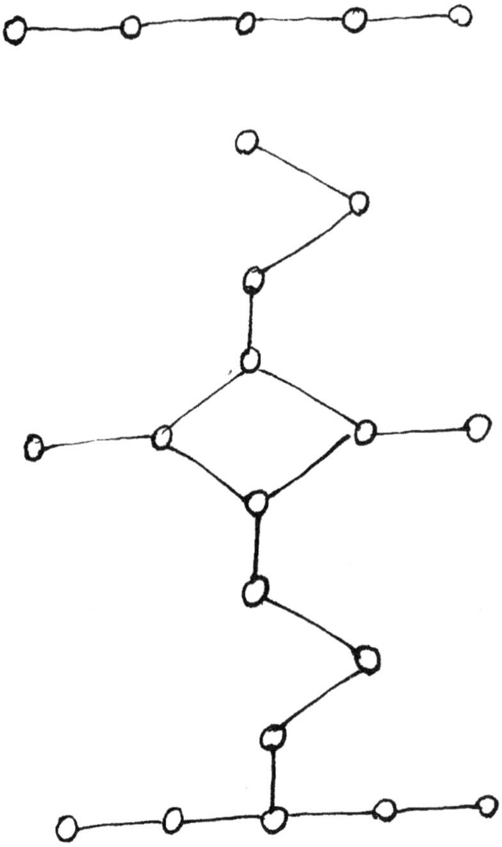

十八度七十七分

史記天官書云翼為羽翮主遠客正義云翼二十二星為天樂府又主遠客占明大禮樂興四裔服

晉書天文志云翼星明大禮樂興四裔賓動則蠻裔使來

宋史天文志云東甌五星在翼南蠻裔星也

軫宿圖

十七度

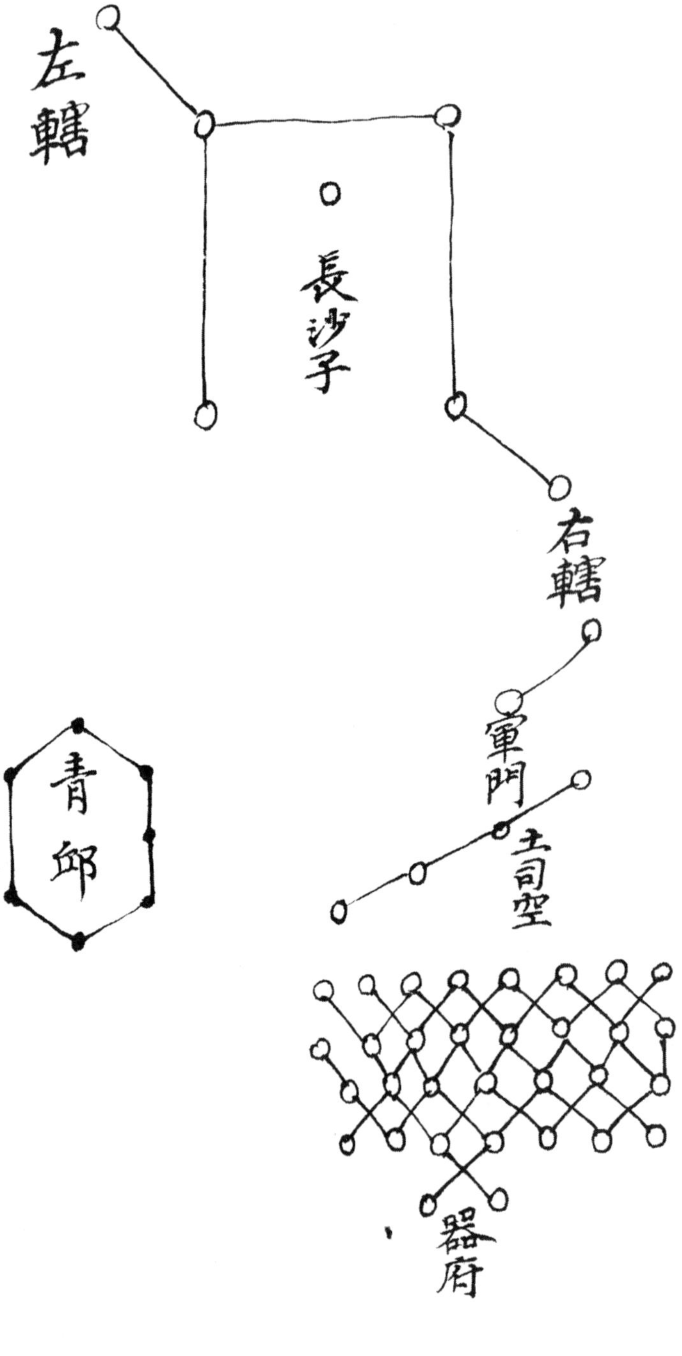

史記天官書云軫為車主風其旁有一小星曰長沙星正義云軫四星主冢宰輔臣又主車騎亦主風占明大則車騎用長沙一星在軫中主壽子孫昌

晉史天文志云軫四星主冢宰輔臣地主車騎主載任有軍出入皆占于軫又主風軫星明則車駕備動則車駕用轄星附軫兩旁主王侯左轄為王者同姓右轄為異姓

宋史天文志云青邱七星在軫東南蠻裔之國號守常則吉　軍門二星在青邱西一曰在土司空北天子六宮之門主營侯設豹尾旗與軍門同占　器府三十二星在軫宿南樂器之府也明則八音和君臣平　土司空四星在青邱西主界域亦曰司徒均明則天下稼穡豐

按天官書以經星二十八舍主十二州三統歷以十二次配十二野大衍定歲差之法天分度

有餘歲分日不足後世于是有退度積分諸差之推測蓋天度之不齊而地之里數由差楚本鶉尾之次經星翼軫分野太微位焉中星朱鳥南方之宿也緯星主熒惑為火今則合張與翼而居巳分軫與角而居辰較大衍之宮度差十五度有奇元史云衡岳北極出地二十五度鄂州北極出地三十一度天文志謂太極垣下星主荊揚天市垣西蕃二星主楚財帛又十二國

星野

十六星在牛女南迄九坎各分土居列國之象魏西一星為楚主占民人微盛又畢宿北五車星東南一星為楚分荊州主占黍粟貴賤稽楚之西北鄖陽七縣故漢中郡古為梁庸商麇諸國是秦楚之隅其星東井輿鬼終柳六度按于鷄犬從施州上瞿塘以迄忠州諸衛其地跨梁益厲巴郡舊法參七度新法觜四度星蜀而地楚者歟

來鳳縣志卷之二

輿圖志

繢畫靈奇以供披覽閑散之筆墨無當已若夫山川城池建置設立摹而寫之披閱之下瞭然於川岳之流峙幅幀之廣狹

國家惠下之至意懷遠之宏規則圖之傳真以誌不朽也來邑新闢漸次創建而秀域奥區未經闡發不欲以遐僻而聽其湮没也作輿圖志

來鳳縣志書

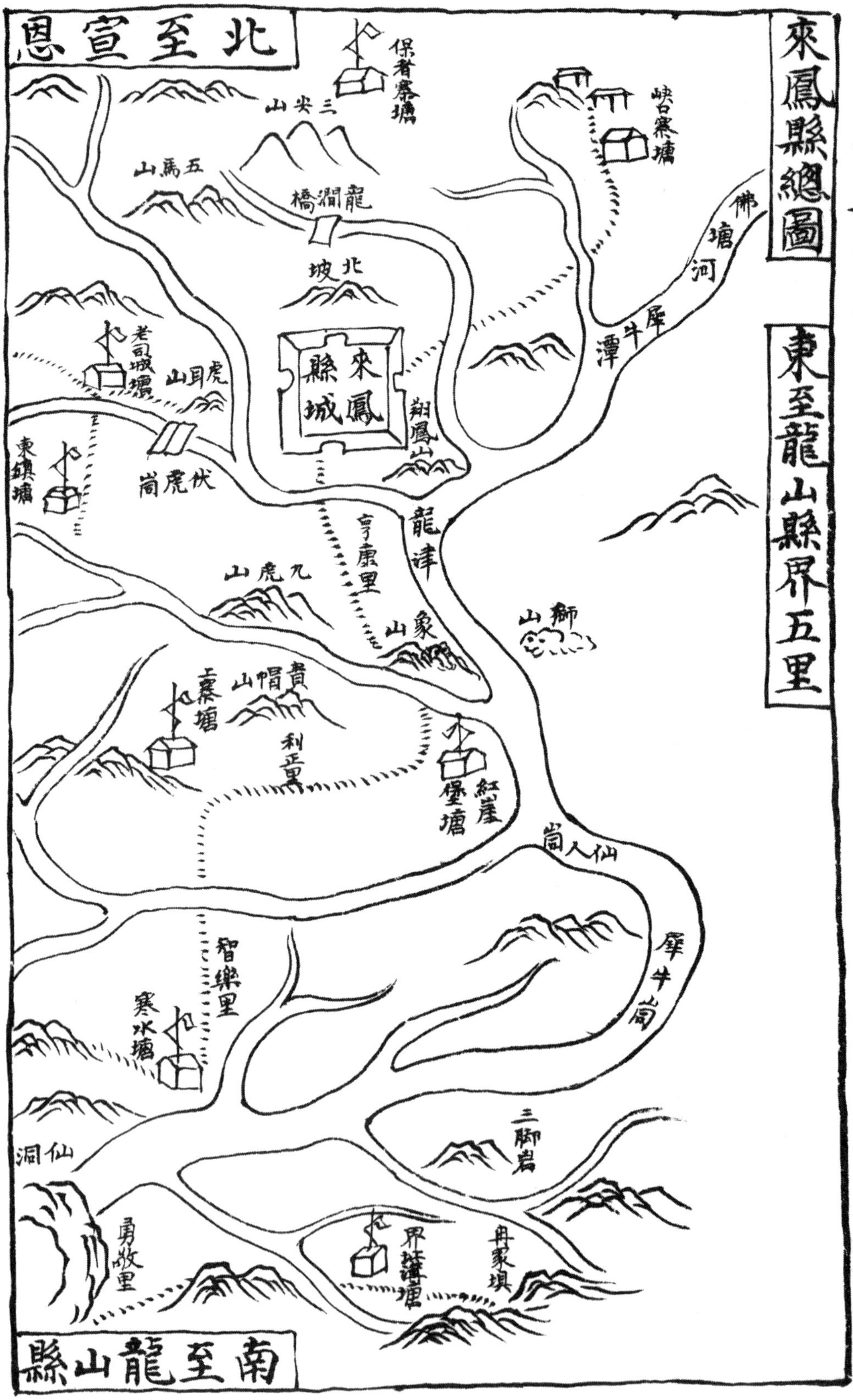
北至宣恩
來鳳縣總圖
東至龍山縣界五里
南至龍山縣
保者寨塘
三尖山
峽口寨塘
五馬山
龍潤橋
佛塘河
北坡
犀牛潭
老司城塘
虎耳山
來鳳縣城
翔鳳山
東鎮塘
伏虎崗
龍津
亨康里
九虎山
獅山
象山
貴帽山
土寨塘
利正里
紅崖堡塘
仙人崗
犀牛崗
智樂里
寒水塘
三腳岩
仙洞
勇敢里
界塔潭塘
冉家坝

一六

縣界五十五里
東鎮關
滴水關
分水嶺
羅箐
乾龍崗
勘禹坡
貞肅里
孝順里
西至咸豐縣界八十里
天然坪
信茂里
水安塡
大旺
惠崇里
蚱子嵿塘
卯崗
界一百六十里

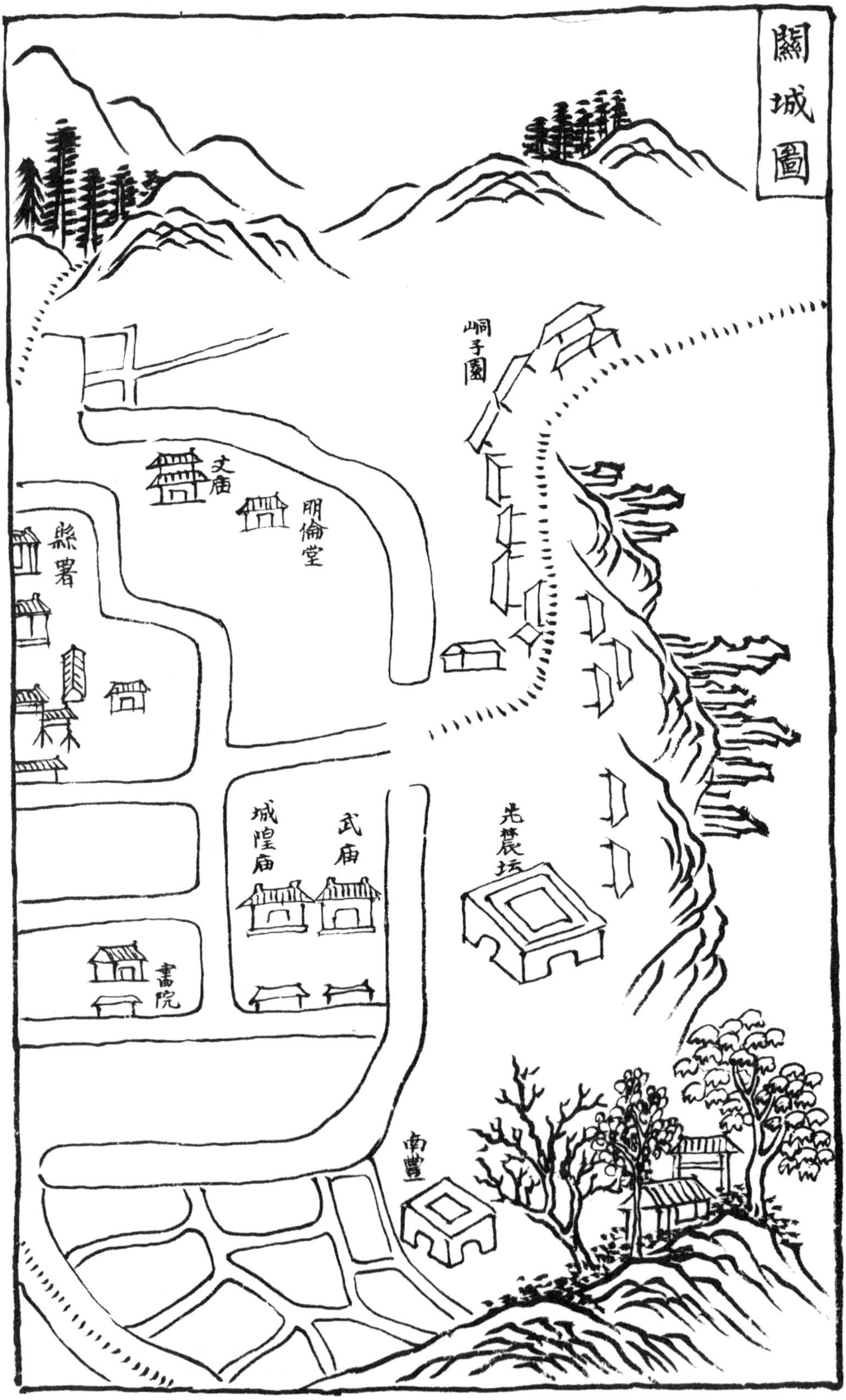

來鳳縣志書

來鳳縣志卷　輿圖　十八

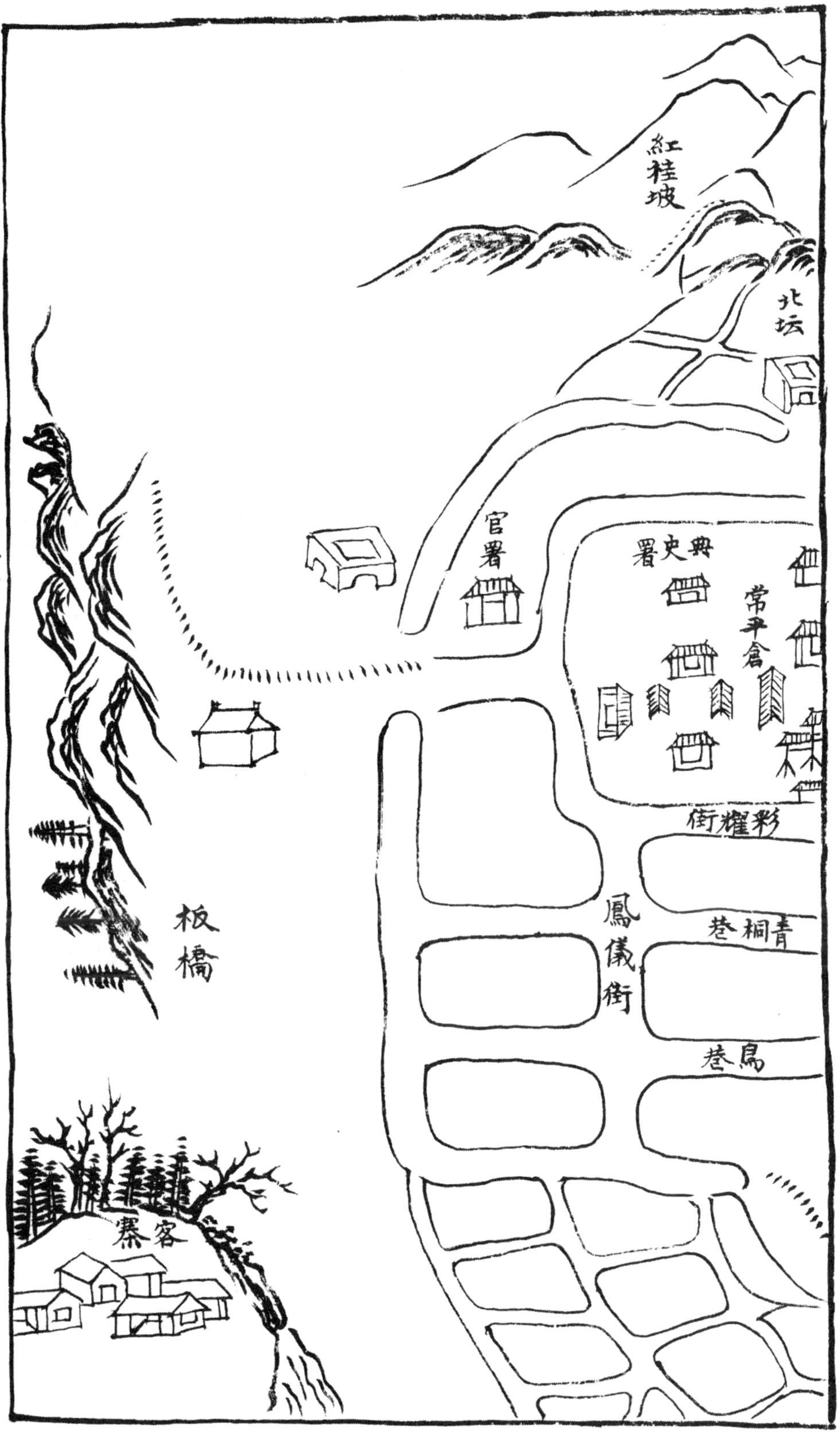

縣署

輿圖

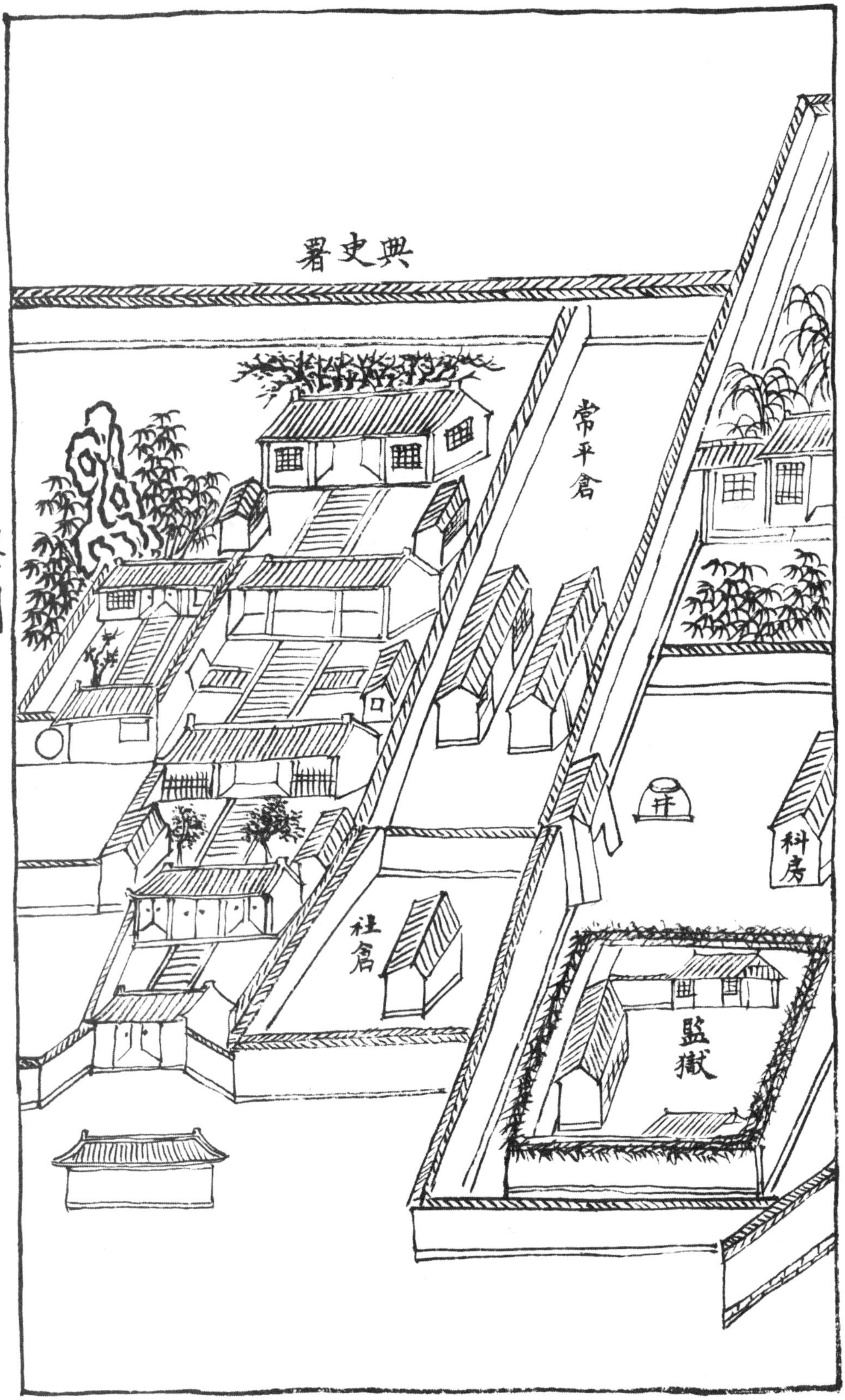

來鳳縣志書

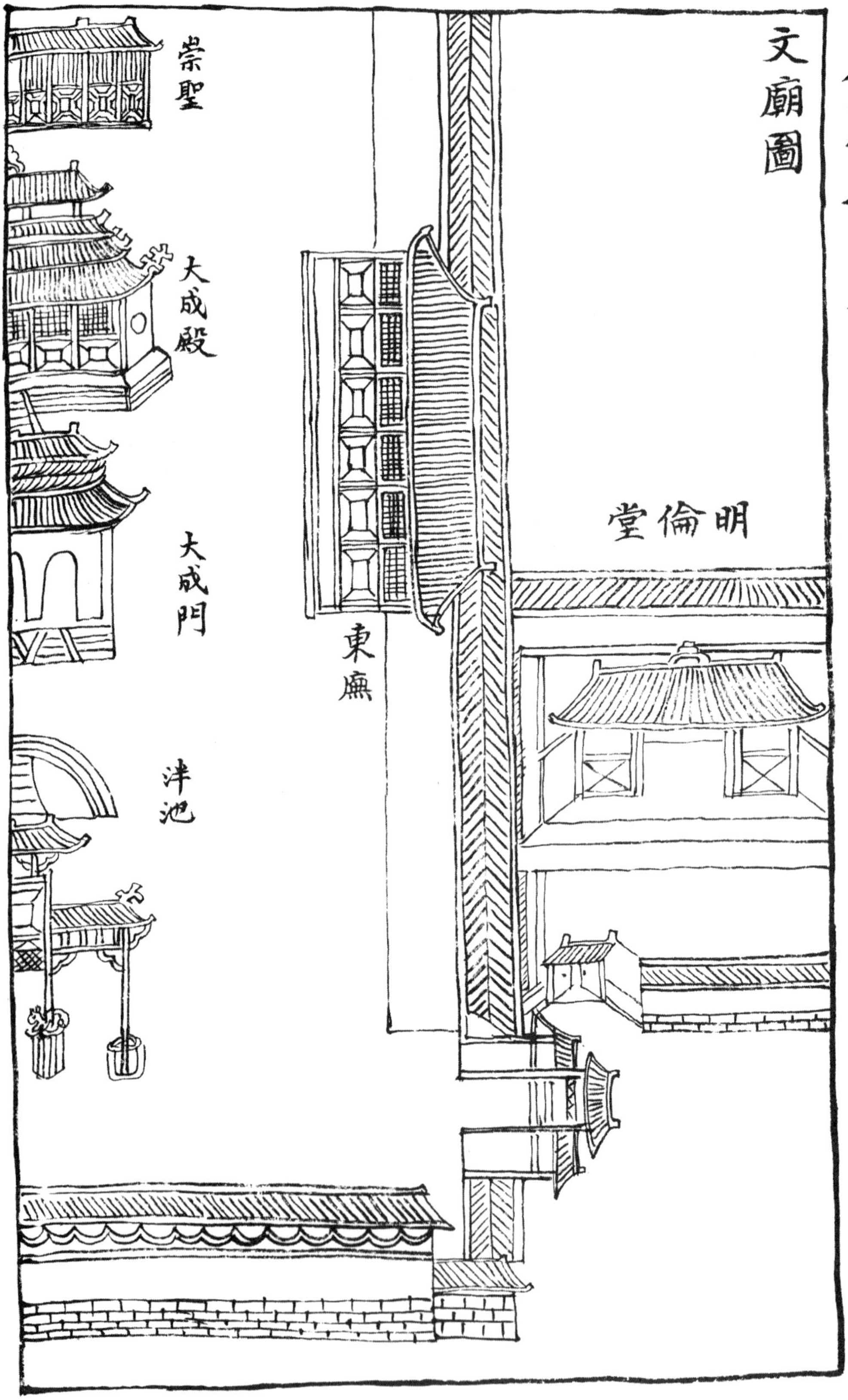

來鳳縣志書　輿圖　二十

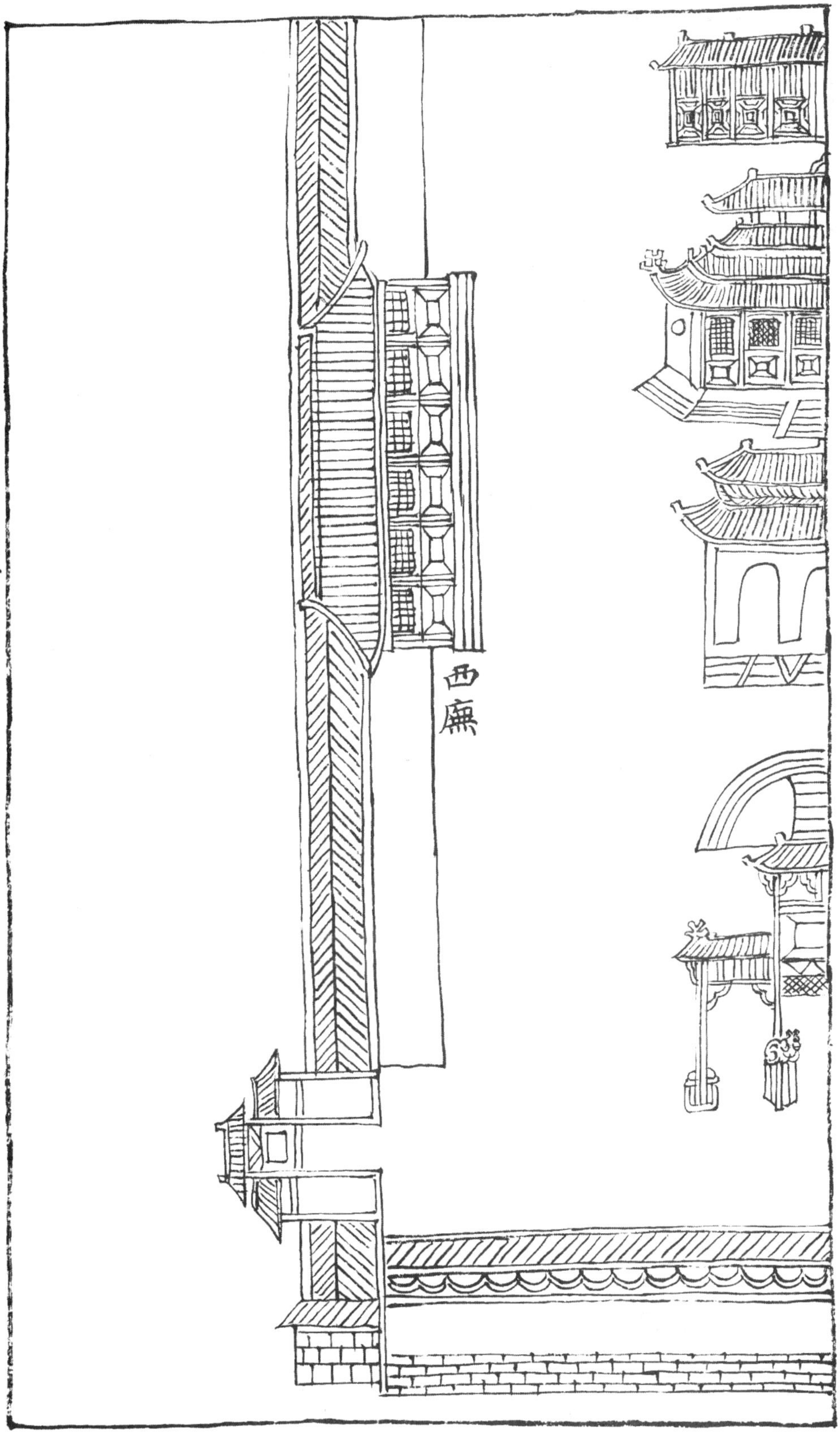

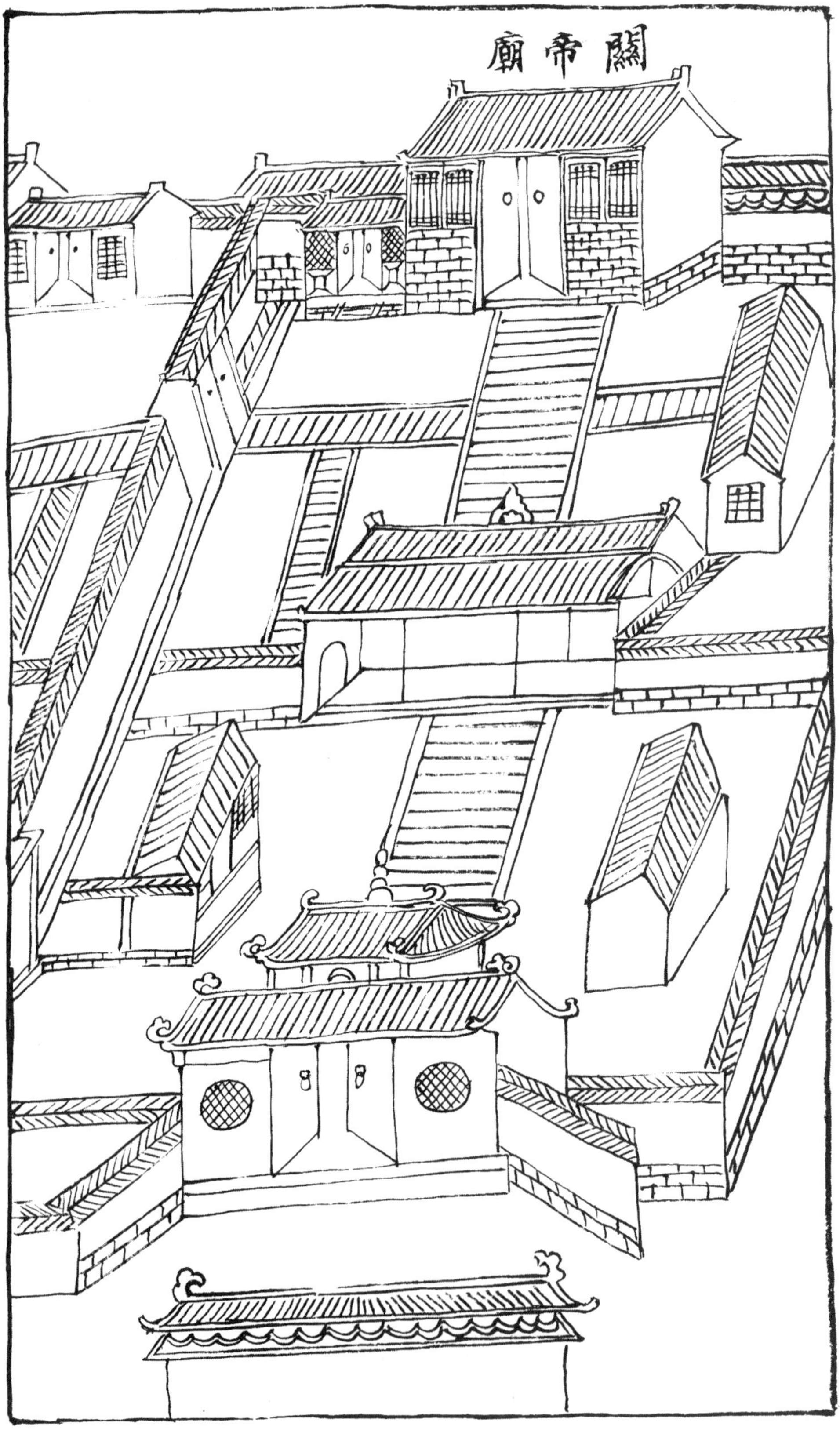
關帝廟

來鳳縣志書　輿圖　二十一

淵圃春煙

紅桂坡

客寨霽虹
龍津

翔鳳山

伏虎洞

輿圖

二十四

來鳳縣志書

神冠朝雪

[illegible]縣志書　輿圖　二十八

三山聳翠

瀑布

石峯壁立

縣志書　輿圖　二八

來鳳縣志書

二十八

縣志書　輿圖　二十九

來鳳縣志書 卷首 二十九

輿圖　三十

香炉崖
四靈洞

長陽縣志書　輿圖　三十一

來鳳縣志書

三一

來鳳縣志卷之三

疆域志

周禮職方氏掌辨方正位之事分疆理界由來尚已來鳳苗裔新闢列為郡縣其間作訛成易自有定區謹按方字條列晰載以見我

國家幅幀之廣遠山川之靈輿作疆域志

里道

東五里至湖南龍山縣正南壩界西八十里至

咸豐縣土老坪界南一百六十里至湖南龍山縣七寨界北五十五里至宣恩縣冉大河界東南三里至近鳳寨河與湖南龍山縣謝家壩交界東北二十里至關口塘與宣恩縣濫泥壩交界西南二百一十里至梅子坳與四川酉陽州螞蝗溝交界西北一百零五里至老鴉關小箐與咸豐縣忠堡屯交界東西廣八十五里南北袤二百一十五里由縣東北二百七十里至

府城

形勢

東鄰南楚西抵巴蜀川湖肘腋滇黔咽喉

沿革

春秋爲巴國秦屬黔中郡漢屬南郡晉屬夜郎
南北朝周隸亭施二州及青江郡隋改隸施州
唐改隸清化郡復隸施州宋因之統屬施南宣
撫司元置分司屬夔路仍隸施州明洪武初分

置散毛大旺各司改隸施州衛屬夔州府二十三年改施州衛置軍民指揮使司屬湖廣都司領散毛宣撫司大旺安撫司東流蠟壁蠻夷長官安撫司漫水司百戶司

國朝因之尋改守備領各司雍正六年改恩施縣轄各司乾隆元年恩施各司先後入請歸流許之建施南府治恩施縣始置散毛大旺百戶安撫漫水東流蠟壁七土司為來鳳縣編戶一十

二里

誠一里

元阜里

亨康里

利正里

麥地塢　白羊坡　客寨　板橋　陳家灣　討大車　冷沙坪　沙坨坪　土城　板栗坪　水坨溝　太平園　紅岩堡　茶園坪

二臺坪　茅草灘　半邊城　偏坡　峽口寨　麂子峽　綠栗坪　楊柳溝　茅壩　尖峯寨

老寨坪　萬家塘　白地莊　老茶口　劉家坪　旗鼓寨　上寨　西灘坪

簡家塘　桐子園　保靖寨　小河坪　紅岩坨　九龍盤　包子寨　田家寨

咸豐縣志　疆域　三

貞肅里　孝原里　悌恭里　忠崇里

沿山壩
大堰塘
老司坪
樓房溝
范家溝
韮菜園
東流司
花屋灘
獅子坨
東流壩
舊司
濯足溪
竹坪寨
向家寨
芭蕉溪
月耳井

侯果堡
尚虎城
紅魚泉
黃栢園
上家崗
革勒車
大頭坡
水田壩
三到林
五道水
杉木溪
三寨

白戶莊
青龍嘴
劉家壩
漫塘
馬鬃嶺
陳家溝
鐵家坨
河波洞
黃土塤
板斗科

金崗溝
蘊家堡
胡家溝
園塘子
羅二箐
社壇溪
後槽
新路坡
水安塤

信茂里

智樂里

九龍崗　黑崗　黔江崗　細沙溪　漫水　黃泥堡　魚塘

板栗園　楠木園　蘊家坪　新寨壩

大河壩　黃土坎　冉家垻

龍塘坪　洗車　三腳岩

仁育里

勇敬里

梯子岩　水車壩　樓房壩　天井壩　陽和坪　捏車坪

洞長壩　土堡　南河　中軍垻

秦家營　新寨　卯崗　梅子嶺

楊家壩　誠車壩　楠木溝

土司　附

按諸土司自唐宋以來各分疆守土歷元而明其間因兵燹殘闕不可考至後世仍襲舊職

國朝吳逆作亂散毛隨

王師征吳平賜將軍印沙溪六峒等處屬焉若大旺東流諸司歸流後仍舊名為述其姓氏職守云

散毛宣撫司

世職土官乾隆元年改設覃煊安插漢陽縣世襲千總○散毛今編為誠一元阜亨康利正貞肅五里

大旺安撫司

世職土官乾隆元年改設田正元安插孝感縣世襲把總○大旺今編

為忠崇信茂二里離縣城一百里

東流長官司　世職土官乾隆元年改設田堯封安揷孝感縣世襲把總○東流今編為孝原里離縣城三十五里

臘壁長官司　世職土官乾隆元年改設田封疆安揷孝感縣世襲把總○臘壁今編為悌恭里離縣城一百里

漫水宣撫司　世職土官乾隆元年改設向廷富安揷孝感縣世襲千總○漫水今編為智樂里離縣城八十里

卯峝安撫司　世職土官乾隆元年改設向舜安揷孝感縣世襲把總○安撫今編為

仁育里離縣城一百二十里

百戶長官司世職土官乾隆元年改設向玉璽安插孝感縣世襲把總○百戶今編為勇敢里離縣一百二十里

建置

城池現在估計尚未繕葺

縣署乾隆四年建

典史署乾隆四年建

大旺縣丞署乾隆四年建

卯峝巡檢署乾隆四年建

常平倉縣署西乾隆四年建

社　倉共九處縣署西一餘分設各里乾隆四五六等年建

文廟縣城東北乾隆四年建

武廟縣城南與城隍廟毘連乾隆四年建

城隍廟縣城南乾隆四年建

先農壇縣東門外乾隆四年建

北壇縣北門外乾隆二十一年知縣林翼池捐建

南壇縣南門外乾隆二十一年知縣林翼池捐建
縣城西一座大旺一座夘峝一座

申明亭乾隆十一年建

厲壇縣北門外乾隆二十一年建

義學縣城一處乾隆七年前縣于執中捐建十三年前縣范汝軾重修二十一年知縣林翼池捐修大旺一處乾隆七年前縣丞蔣灝捐建卯峝一處乾隆十年署任蔣灝建

視履亭縣東門外乾隆二十一年建

養濟院縣西一里許乾隆十八年建

義塚縣東五里許一處地名麥地塢長五十五弓寬五十三弓縣南五里許一處地名絲

栗坪長五十四弓俱乾隆元年建大旺悌
忠信三里各一處俱乾隆二十年建

山川

紅桂坡縣北二里許又名鳳臺亭為縣來龍君山

板橋河縣西二里源出漫塘由散毛舊司東流近鳳寨河

老鸞坡縣東十里山形如鸞象形得名

五馬山縣北十里高聳五峯如神馬故名

佛塘崖縣東十里下臨河石崖上鑿有佛像故名

佛塘河在佛塘崖下發源宣恩縣忠峝諸水合近鳳寨渡河出卯峝達辰州

勒馬坡 縣西三十五里山逕欹仄典史張成塽每勒馬過病之乾隆二十年捐修故名

廻龍山 縣西十里相傳唐時建有佛庵今梵宇盡頹基址猶存

三尖山 縣西北四十里三尖峯頂如筆架

貴帽山 縣南三十里山峯如帽霧興即雨農人課之屢驗為縣勝慨十六景神冠即此

上寨河 縣西四十里源出大旺經三寨合流出卯峝

怯道河 縣西一百三十里發源四川酉陽州經百戶八卯峝合流東歸辰河

犀牛峝 縣南七十里洞口極狹水深不測

古蹟

仙人崗 縣南四十里乃佛塘上寨諸水之滙流也兩崖壁立千有餘尺上有檻柵傳為仙剎高不可攀

卯崗 環鳳皆山蜿蜒盤礴一百二十里至西南挺然特峙聳立數千尺是為卯崗崗之坳穿穴成洞形如圜門深四里許龍鳳兩邑諸水皆由此出沿嶺樹木森翠東偏一小營寨前列檻柵壞則墜浮洞曰尋復設如舊制人見其更迭不替意上有仙靈然究莫能攀躋從無問津者施州衛舊志仙崗崖即此

寺觀

乾元寺 縣東五里

觀音閣　縣南二里

廻龍觀　縣西二十里

興龍庵　縣西十五里

興龍寺　縣西十五里

祖師殿　縣西南六十里

朝元寺　縣西南七十里

各寺觀俱有住持焚修

橋梁

太平橋縣東五里乾隆十年
里民覃善基捐建
龍洞橋縣北五里許
雍正二年建
東流橋縣西三十五里乾隆
十九年里民公建
高崗橋縣西南三十里乾隆
二十年里民公建
天人橋縣西南三十里在高崗渡下春夏
渡船秋冬橋行乾隆二十一年建
三元橋縣西南六十里大莊洗脚溪乾隆十六
年前縣丞蔣灝捐建未成乾隆十八年
蒲又洪縣
丞重捐建
安遠橋縣西南七十里在大莊董達河朝元寺
前乾隆二十一年縣丞蒲又洪捐建

石梁橋 縣南一百一十五里在卯峒乾隆二十一年巡檢董天祥捐建

迎鳳橋 縣南九十五里在卯峒乾隆二十一年巡檢董天祥捐建

來鳳縣志卷之四

食貨志 風俗附

國之本在民，民之本在農。有土有人，有人有用。從古爲昭，顧可不紀其食之所出、貨之所入，以明裕國厚民之要務乎？作食貨志。

户口

城東五里曰誠，一曰元，皁曰亨，康曰利，正曰貞

肅正南三里曰智樂曰仁育曰勇敬正西四里
曰孝原曰悌恭曰忠崇曰信茂分為三鄉東五
曰里體乾南三里曰達德西四里曰聚倫三鄉
十二里共烟民一萬七百五十八戶内土民二
千三百一十二戶客民八千四百四十六戶共
四萬七千四百四十五名口

田賦

原額成熟水旱田地共五百七十一頃六十三

畝內水田二百八十一頃七十八畝四分五釐六毫（每畝徵銀五毫六絲六忽三微零）旱田一百三十四頃六十一畝二分九毫旱地一百五十五頃二十四畝一分（每畝徵銀二毫八絲三忽一微零共徵銀二十四兩一錢六分六厘五絲八忽七微零）

乾隆八年勸墾水旱田地共四頃八十五畝九分內水田一頃九十九畝五分旱田一頃五十一畝九分旱地一頃三十四畝五分（共徵銀一錢九分四）

釐八絲二忽三微零
乾隆十六年首墾水旱田地共二十六頃七十
九畝五分内水田十頃七十八畝一分旱田十
二頃三十三畝九分旱地三頃六十七畝五分
共徵銀一兩零六分四釐二絲六忽四微　現在成熟水旱田地共六
百三頃二十九畝一分六釐五毫
共徵銀二十五兩四錢二分四釐一毫六絲七
忽五微四塵六纖五渺八漠七茫五沙四灰七

漂

積貯

常平倉在縣署西貯稻穀一千五百一十石

社倉共九處分設各里共貯稻穀一千石零二升八合五勺

水利

來鳳各里水壩田自生泉不必盡滋溪水每春夏閒仰承雨露漸次成畦自改設以來沐浴

聖澤十風五雨屢歌大有矣其縣西南及東隅若沙

坨坪桐梓園牛車坪等處率多荒廢故有茅草灘之名前令張董工開鑿為渠三道一引紅崖溪水灌沙坨坪一引龍崗橋水灌桐梓園正西自伏虎崗導流牛車坪得溉焉自此鄉城俱有水畦惜山深箐密川原狹隘膏腴無多云

物產

穀類

禾稻　高粱　包穀　小米　鵝掌穀　芝蔴

蘓麻　蕎麥　燕麥　大小麥　蠶豆　黃豆

蔬瓜類

香蕈　木耳　白菜　青菜　莧菜　韮菜

薤蒜　王瓜　西瓜　藍瓜　苦瓜

茶菓類

仙崗茶　雲巖茶　核桃　櫻桃　梅　桃李

柰　桔　柚　栗　梨　香圓　楊梅　枇杷

木類

木棉　楠木　黄楊木　黑楊木　杉　栢

檜　椆　桐　棕

花類

桂　梅　蓮　春蘭　秋蘭　獨蘭　朱蘭

緑蘭　芍藥　石榴　木槿　薔薇　荼薇

秋海棠　玫瑰　鳳仙　美人蕉

毛類

虎　豹　麋　鹿　麂　熊　豪豕

羽類

錦雞　白鷴　雉　布穀雞　竹鷄　桐華鳳

鷓鴣　鵲　鳩　蛾　蜂

鱗介類

鰱　鯉　鯖　鯿　鱉　蛙

藥類

棓子　大楓子　車前子　黃栢　山藥

石膏　蜂蜜

工技

來邑溪深地高有資水利者以竹爲輪準溪爲度鉗空兩重關鍵如車制外轂匝置甬竹兩木夾持側没水中水衝動轉甬水皆滿地上承以木梘輪迴漸漬得不絶流焉日計可灌十畝俗名水車亦山中人之巧製也又舊有苗巾苗錦之名經緯皆綿絲經者佳然率多失真不及古昔鐘鼎家多弗用

風俗

來鳳縣民風惇樸尚不奢華史稱喜巫鬼多淫祀至今猶有存者然大率習勤力競刀耕火耨近五方襍處一切錢債户婚殆以多事云

來鳳縣志書

來鳳縣志卷之五

官師志

天下共戴一君君分置其守土者秩官之建于斯興焉來鳳崗谿苗裔各服其長自秦漢迄明均設土司其間陟降襃削不一而足大都不離宣撫安撫各司

國初仍舊制自乾隆元年各司歸化始置郡縣區散毛七司為來鳳縣設知縣一縣丞一巡檢一

典史一治畫一焉作官師志

職官表

知縣

于執中 山東

萊州府昌邑縣人援例授順天府懷嘉縣知縣左遷補湖廣永

縣丞

程錦樞 江南

蘇州府吳縣人附生捐貢授豫州府義徽縣儒學訓導遵例改

巡檢

馮德榕 順天

府宛平縣人吏員加捐授湖北省黃州府麻城縣鵞籠司巡檢

典史

葉鳴秀 順天

府大興縣人供事議敘授江南安慶府懷寧縣練潭驛驛丞陞

順府宣慰司經歷奉裁飭發湖委協理恩施縣事彈壓散毛各司尋奉改設各縣題署來鳳縣知縣乾隆元年蒞任乾隆七年

黃卓 江西建昌府南城縣

補主簿奉命發湖地委用乾隆元年調補來鳳縣大旺縣丞乾隆五年以病老去

官師

王燧 順天府順義縣人吏員水利議敘授廣西梧州府藤縣典史調西林

乾隆元年調任卯峝乾隆四年被參去

金國英 順天府宛平縣人

黃梅縣典史乾隆八年調來鳳縣典史乾隆九年陞江南省蘇州府昭文縣白茆巷巡檢

調任漢川縣

張冲 河南陳州府太康縣人，雍正癸丑進士，授湖廣荊州府公安縣知縣，乾隆七年調任苗疆來鳳縣，乾

人，拔貢，揀發湖北，乾隆五年題署來署縣縣丞，乾隆八年調公安縣縣丞

李集 正藍旗漢軍，以官學生考補欽天監

縣典史，乾隆五年陞來鳳縣卯嵩巡檢，乾隆十二年病卒

潘大宗 浙江紹興上虞縣人，奉天府吏員，授福建邵武府光

吏，援例授來鳳縣典史，乾隆九年蒞任，十三年以憂去

張成墀 山西平陽府浮山縣人，監生，援例授來鳳縣典史，乾

隆九年以公安縣濫應驛騎量移去多惠政有傳

李越 山西蒲州府臨晉縣人康熙辛卯舉人授宜昌府東

九品筆帖式陞授來鳳縣縣丞乾隆八年蒞任七月卒于官

蔣灝 江蘇蘇州府元和縣人監生考職一統志書館議敘

澤縣大市寨巡檢丁母憂補廣西鬱林府博白縣周羅寨巡檢丁父憂補來鳳縣卯峒司巡檢十二年蒞任十七年以悞公被

隆十四年蒞任

湖縣知縣調任苗疆來鳳縣乾隆十年莅任十一年以母憂去

范汝軾 河南開封府蘭陽縣雍正癸丑進士授建始縣知縣

授來鳳縣縣丞乾隆九年莅任乾隆十六年被劾去

蒲又洪 甘肅秦州人增廣生員援例授來鳳縣縣丞乾隆十

咨去

董天祥 貴州平越府黄平州人典吏援例授江西吉安府龍泉縣北鄉巡檢丁父憂補授來鳳縣卯峝巡檢

於乾隆十一年調來鳳縣十二年蒞任十六年休致

李縉順天府宛平縣人舉人授直隸保定府高陽縣教諭

七年蒞任

乾隆十七年蒞任

中式乾隆壬戌進士以教授管教諭事阜巽陞授來鳳縣知縣乾隆十七年蒞任十九年調任京山縣

林翼池 福建

泉州府同安縣人乾隆乙丑進士授來鳳縣知縣乾隆二十年蒞任

來鳳縣志書

三

来鳳縣志卷之六

學校志

古書建國親民教學為先臨雍釋菜鸞旂鐘鼓於以育人材而作士氣者自成均以及里黨莫不皆然故夫規制定而耳目一何虞佻達之譏門墻峻而至道隆永無茂草之嘆來邑以苗疆新闢少嫻書詩儒學一職前此未能專設暫附恩施縣學每科歲兩試入土童二三名不等今

則漸知誦讀文風丕起棫樸菁莪思皇多士在

指顧間己貟耒横經行將黼黻廊廟是有望于

來者作學校志

御製訓飭士子文　順治九年

國家建立學校原以興行教化作育人材典至渥也

朕臨御以來隆重師儒加意庠序近復慎簡學使

釐剔弊端務期風教修明賢才蔚起庶幾棫樸作

人之意乃比年士習未端儒效罕著雖因內

外臣工奉行未能盡善亦由爾諸生積痼已久猝難改易之故也茲特親為製訓言再加警飭爾諸生其敬聽之從來學者先立品行次及文學學術事功源委有敘爾諸生幼聞庭訓長列宮墻朝夕誦讀寧無講究必也躬修實踐砥礪廉隅敦孝順以事親秉忠正以立志窮經考業勿襍荒誕之談取友親師悉化驕盈之氣文章歸于醇雅毋事浮華軌度式于規繩最防蕩

軼子衿佻達自昔所譏苟行止有虧雖讀書何益若夫宅心未淑行己多愆或蜚語流言脅制官長或隱糧包訟出入公門或唆撥姦猾欺孤凌弱或招呼朋類結社邀盟乃如之人名教不容鄉黨勿茲縱幸脫褫朴濫竊章縫返之於衷寧無愧乎況鄉會科名乃掄才大典關係尤鉅士子苟有實學何患困不逢年顧乃標榜虛名暗通聲氣夤緣詭遇罔顧身家又或改竄鄉貫

希圖進取囂淩騰沸網利營私種種獘端深可痛恨且夫士子出身之始尤貴以正若茲厥初拜獻便已作姦犯科則異時敗檢踰閑何所不至又安望其秉公持正為國家宣猷樹績膺後先疏附之選哉朕用嘉惠爾等故不禁反復惓惓茲訓言到爾等務其體朕心恪遵明訓一切痛加改省爭自濯磨積行勤學以圖上進國家三年登造東帛弓旌不特爾身有榮即爾祖父

亦增光寵矣逢時得志寧俟他求哉若仍視為
具文玩愒勿儆毀方躍冶暴棄自甘則是爾等
冥頑無知終不能率教也既負栽培復干咎戾
王章具在朕亦不能為爾等寬矣自茲以往內
而國學外而直省鄉校凡學臣師長皆有司鐸
之責者並宜傳集諸生多方董勸以副朕懷否
則職業勿修咎亦難逭勿謂朕言之不預也爾
多士尚敬聽之哉

欽頒刊刻臥碑

朝廷建立學校選取生員免其丁糧厚以廩膳設學院學道學官以教之各衙門官以禮相待全要養成賢才以供朝廷之用諸生皆當上報國恩下立人品所有教條開列于後

生員之家父母賢智者子孫當受教父母愚魯或有非為者子既讀書明理當再三懇告使父

毋不陷于危亡

一生員立志當學為忠臣清官書史所載忠清事蹟務須互相講究凡利國愛民之事更宜留心

一生員居心忠厚正直讀書方有實用出仕必作良吏若心術邪刻讀書必無成就為官必取禍患行害人之事者往往自殺其身嘗宜省思

一生員不可干求官長交結勢要希圖進身若果心善德全上天知之必加以福

一生員當愛身忍性凡有司官衙門不可輕入即
有切己之事止許家人代告不許干預他人詞
訟他人亦不許牽連生員作証
一爲學當尊敬先生若講説皆須誠心聽受如有
未明從容再問毋妄行辯難爲師長者亦當盡
心教訓勿致怠惰
一軍民一切利病不許生員上書陳言如有一言
建白以違制論黜革治罪

學校

一生員不許糾黨多人立盟結社把持官府武斷鄉曲所作文字不許妄行刊刻違者聽提調官治罪

白鹿洞書院揭示

父子有親君臣有義夫婦有別長幼有序朋友有信

右五教之目堯舜使契為司徒敬敷五教即此是也而其所以學之序有五焉其別如左

博學之審問之慎思之明辨之篤行之

右為學之序學問思辨四者所以窮理也若夫篤行之事則自修身以至于處事接物亦各有要其別如左

言忠信行篤敬懲忿窒慾遷善改過

右脩身之要

正其誼不謀其利明其道不計其功

右處事之要

己所不欲勿施于人行有不得反求諸己

右接物之要　某竊觀古昔聖賢所以教人為學之意莫非使之講明義理以修其身然後推以及人非徒欲其務記覽為詞章以釣聲名取利祿而已也今人之為學者既反是矣然聖賢所以教人之法具存于經有志之士固當熟讀深思而問辨之苟知其理之當然而責其身以必然則夫規矩禁防之具豈待他人設之而後

有所持循哉近世于學有規其待學者為己淺矣而其為法又未必古人之意也故今不復以施于此堂而特取凡聖賢所以教人為學之大端條例如右而揭之楣間諸君其相與講明遵守而責之于身焉則夫思慮云為之際其所以戒謹而恐懼者必有嚴于彼者矣其有不然而或出于此言之所棄則必所謂規者必將取之固不得而畧也諸君其亦然之哉

書籍

上諭書

資治通鑑

醫宗金鑑

御纂性理精義

大清律例

大清律續纂條例

大清律校正各條

駁呂留良四書講義

義學

縣署南一處
大旺一處
卯峝一處

學田

桐子園水田二十一坵計畝三十一畝五分一厘
竹園坵水田二坵計畝一十三畝七分五厘

縣城大旺義學均資膏火

卯峒義學司給膏火銀一十六兩正

來鳳縣志卷之七

政績志

牧民之道惟在利民奇績異政不可為常故有裨民生可銘竹帛而實心實事流播民間者是必立為傳紀以垂永久來邑新闢承乏無幾爰考前令之政行至今鑿鑿可據者作政績志

太康張公傳贊

張沖字昇牧河南陳州府太康縣人雍正癸丑成進士初授公安調任施南府來鳳縣秉性醇厚多行惠政附郭西南一帶膏田以數頃計皆公導濬水源設甬道滋灌溉至今來邑童叟一舉箸即頌公德常課農桑至鄉民鷄黍以進公即受食官民相忘每以閭閻淺近之語教尊君親上之義嗤嗤者咸歡欣樂依不忍去取民之

秀者入邑術朝夕課訓寒暑不輟文教肇興他如均勞逸輕賦徭平允雀角一仁恩之積厚而流焉者也後以公安事量移去民遮道攀轅泣數行下忽忽若有所失羣謀請從祀外建字肖像卒未果贊曰

夫治民之與愛民有間矣當苗疆新闢初服政教是宜以愛爲治第行小惠說桎梏驩虞一時過則忘焉公于荒烟蔓草中易而爲原隰衍沃

民樂其利十世百世矣孔子謂公孫僑為古之遺愛僑以治為愛公以愛為愛時移勢異殊途同歸僑也公也均之愛民者也治也愛也均之為政者也迭用柔剛與時偕行是有望于後之牧民者

來鳳縣志卷之八

軍政志

楚軍分左右廣自昔然已漢樓船下瀨教習戰陣制勝之兵楚有獨用其長者

國家設營哨塘汛俾將弁行伍大小各有專寄荊州統軍董八旗常德闔帥控全楚南北水師七營

命閫中熟練水務兵丁赴楚教演量能授職稽明

制凡郡縣之要險者立衛所軍士有定數約五千六百人為一衛一千一百一十二人為一千戶一百一十二人為一百戶領總兵官施州故衛地乾隆元年改設府縣營弁墩塘更為創置則雖彈丸小邑防禦之備有不可以或茍者作軍政志

武職

千總一員

駐劄本城防汛禦兵五十名衙署一座九間營房五十間教場西門内演武廳一座

把總一員

駐劄大旺防汛禦兵三十名衙署一座九間營房三十間教場營房左演武廳一座

外委把總一員

駐劄百戸涼水井汛防禦兵十三名官房七間營房十三間

汪朝元 湖北

宜昌府東湖縣人由行伍出身乾隆十七年到汛二十二年陞滿候俸守備

引見去

潘國臣 湖北

施南府恩施縣人由行伍出身十四年到汛二十二年陞本城千總

陳錫疇 湖北

施南府恩施縣人由行伍出身二十年到汛二十二年陞大旺把總

縣屬一十六塘設兵丁五名

關隘

峽口寨塘　距縣二十里與宣恩縣崖腳塘瀘泥垻交界

寶靖寨塘　距縣五十五里與宣恩縣冉大河交界

老司城塘　距縣一十五里

革勒車塘　距縣八十里與宣恩縣上老坪塘交界

東流司塘　距縣四十五里

石崖門塘　距縣六十里

臘壁司塘　距縣一百里

水田壩塘　距縣一百二十里

紡車溪塘　距縣一百二十里

梯子崖塘　距縣一百四十五里

卯峝塘　距縣一百六十五里

紅崖堡塘　距縣二十五里

上寨塘　距縣五十五里

漫水塘　距縣八十五里

界址溝塘　距縣一百六十里與湖南永順府龍山縣七寨交界

關隘

關隘

梅子嶺塘距縣二百一十里與四川酉陽州螞蝗溝交界

縣屬鋪司兵二十二名

縣前總鋪司兵二名

本城鋪司兵二名

峽口寨鋪司兵二名

散毛鋪司兵二名

革勒車鋪司兵二名

石崖門鋪司兵二名　一馬遞

大旺鋪司兵二名　一馬遞

卯峝鋪司兵二名　一馬遞

漫水鋪司兵二名　一馬遞

上寨鋪司兵二名　一馬遞

紅崖堡鋪司兵二名　一馬遞

縣屬官渡七隻渡夫九名

近鳳寨渡夫二名

客寨渡夫二名

紅崖堡渡夫一名
上寨渡夫一名
卯峝堰壩渡夫一名
花屋灘渡夫一名
官堰塘渡夫一名

來鳳縣志書

來鳳縣志卷之九

儀禮志

禮以維世不可斯須去者也記曰治定制禮功成作樂古王者享帝立廟下逮郡國社稷山川鬼神以及草野臣庶之享祀神鬼莫不有禮矧

我

朝度制隆備鉅典煌煌臣民恪守其所以洽神人而和上下倡率諸官司而則效諸黎庶者寧以

陬邑而不咸仰一道同風之盛者乎爰考

會典所載通行直省儀制作儀禮志

慶賀禮

元旦

每歲正月初一日文武官僚五鼓集

萬壽宮拜

牌行三跪九叩禮前三後四共七日服朝衣不理刑

名

長至

每歲十一月冬至日文武官僚五鼓集

萬壽宮拜
牌行三跪九叩禮前後七天服朝衣不理刑名
恭遇
萬壽聖節文武官僚于前三日服朝衣不理刑名至
日五鼓詣
萬壽宮拜
牌行三跪九叩頭禮畢坐班後四日服朝衣不理刑
同前

迎春

每歲立春前一日文武官僚出南門至東郊詣
春廠典史先飭辦芒神春牛土像并臺閣届期
前詣春廠如式位置印官至禮生稟拜春詣
芒神位前行二跪六叩禮畢復位捕役稟春到
迎芒神春牛臺閣縈繞廠廳三匝開春宴飲春
酒三巡神像春牛前行至縣儀門安置各官隨
行至署詣　芒神位前行二跪六叩禮畢印官

陞堂臺閣續入典史稟賀立春日按時詣　芒
神位前行二跪六叩禮禮生進春鞭引至春牛
前三揖鞭春三次禮生唱鞭春歌禮畢回署

鄉飲

每歲孟春望日孟冬朔日舉行
大典先期飭儒學公議齒德兼優及致仕名宿公
舉正賓一人价賓一人僎賓一人印官詢訪確
實先具文通報臨期給封啟令廩生親詣各處

延請至期各官服朝衣詣儒學明倫堂候賓禮生報賓至通迎賓各官迎至阼階西面立賓依次詣西階東面立相見交拜行一跪四拜禮畢賓由西階升堂通贊唱就位引唱賓主各就位通鳴鐘鼓執事者各擊鐘鼓三聲通供講案引設案向北執事設案通讀律誥執事讀律一條誥一統通讀孝順事實執事宣讀一則通讀陰隲文執事宣讀一條通歌鹿鳴之什歌者八人

儀禮　日

向上打三躬對面各一揖通歌鹿鳴首章歌者
齊誦首章畢印官出席答歌者酒一杯通酌酒
執事者詣各席酌酒通歌鹿鳴次章歌鹿鳴三
章俱如前儀但歌卒章不酬酒通禮畢謝恩引
就位賓主各就位各官在前賓次之望
闕行三跪九叩頭禮畢賓主各依東西階立通交拜
行一跪四拜禮畢通送賓賓前行印官各員後
行至儒學頭門外賓各就道各官立望引賓不

顧矣各官復詣明倫堂少待回署賔主位次及
律誥等文俱遵
大清會典開載舉行禮成後仍將舉行日朞竝各欵通
報

救護

每日月運度當食奉文各直省宜行救護至期
立壇大堂外按時印官佐雜各官服朝衣詣壇
行三跪九叩禮僧道照燭誦經禮畢各官齋肅

誠一静坐大堂吏報初虧各官就壇行三跪九叩禮畢仍坐吏報食甚就壇行禮同前自初虧至食甚擊鼓鳴鑼繞壇巡行吏報生光再報復元俱就壇行禮同前禮畢僧道照燭誦經終卷揭壇

祭祀禮

廟祭

文廟

每歲春秋仲月上丁日祭
至聖先師孔子齋戒二日不理刑名先期遣官詣廟
行一跪三叩禮省牲滌祭器陳設至期黎明文
武官僚詣　廟服朝衣行三跪九叩禮迎神瘞
毛血初獻引印官詣
至聖先師神位前并四配神位前行一跪一叩禮獻
帛獻爵獻饌詣讀祝位行一跪三叩禮讀祝文
畢復位分獻引縣佐詣十二哲東西廡神位前

行一跪一叩禮獻帛獻爵獻饌畢復位亞獻三獻俱同初獻儀三獻禮畢行飲福受胙禮印官詣飲福受胙位跪飲福受胙叩頭復位行謝福胙禮印官分獻陪祭各官俱行三跪九叩禮次徹饌畢承祭各官行三跪九叩禮送神畢望燎各官詣燎所三揖禮畢徹班

一凡歌舞樂章漸次習演遵

制奏薦

正殿

至聖先師孔子神位

祭品

帛一　白邑牛一羊一豕一鹿一

太羹一和羹二簠二簋二籩十豆十

酒罇一白磁爵三

四配

復聖顏子　述聖子思

宗聖曾子　亞聖孟子

祭品

帛一白色豕一羊一鉶一

簠二簋二籩八豆八

酒罇一白磁爵三

十哲東六位

閔子名損　冉子名雍

端木子名賜　仲子名由

卜子名商　　　有子名若

祭品每一案

帛一白色豕一鉶一簠各一

簋各一籩各四豆各四豕首一

白磁爵三

十哲西六位

冉子名耕　　宰子名予

冉子名求　　言子名偃

顓孫子名師　朱子名熹

祭品與東六位同

東廡

蘧瑗　澹臺滅明

原憲　南宮适

商瞿　漆雕開

司馬耕　顏辛

巫馬施　公孫龍

曹卹

秦商

壤駟赤

公夏首

奚蒧

句井疆

縣成

燕伋

顏高

石作蜀

后處

顏祖

秦祖

公祖句茲

樂頦

孔忠

狄黑
公西蒧
施之常
左邱明
牧皮
公孫丑
程頤
孔安國

顔之僕
申棖
秦冉
公都子
張載
公羊高
毛萇
鄭康成

高堂生

諸葛亮

司馬光

胡安國

呂祖謙

陸九淵

魏了翁

許衡

王通

歐陽修

尹焞

蔡沈

陳淳

王相

許謙

薛瑄

王守仁　　陸隴其

羅欽順

祭品

帛一白色豕三每案簠一簋一

籩四豆四銅爵各四

西廡

林放　　宓不齊

公冶長　　公晳哀

高柴

商澤

冉孺

冉季

漆雕哆

任不齊

公肩定

罕父黑

樊須

梁鱣

伯虔

漆雕徒文

公西赤

公良孺

鄡單

榮旂

文廟系志書儀禮　上

左人郢

原亢

叔仲噲

邽巽

琴張

秦非

顏何

樂正克

鄭國

廉潔

公西輿如

陳亢

步叔乘

顏噲

縣亶

萬章

周敦頤
邵雍
伏勝
董仲舒
范甯
范仲淹
楊時
李侗

程顥
穀梁赤
后蒼
杜子春
韓愈
胡瑗
羅從彥
張栻

來鳳縣志書

黄榦　真德秀
何基　趙復
金履祥　陳澔
陳憲章　胡居仁
蔡清

祭品與東廡同

樂章

迎神樂咸平之章　無舞

大哉至聖道德尊崇維持王化斯民是宗典祀有常精純竝隆神其來格於昭聖容

初獻樂寧平之章　有舞

自生民來誰底其盛惟師神明度越前聖粢帛具成禮容斯稱黍稷非馨維神之聽

亞獻樂安平之章　有舞

大哉聖師實天生德作樂以崇時祀無斁清酤惟馨嘉牲孔碩薦羞神明庶幾昭格

三獻樂景平之章　有舞

百王宗師生民物軌瞻之洋洋神其寧止酌彼
金罍惟情且旨登獻惟三於嘻成祉

徹饌樂咸平之章　無舞

犧牲在前豆籩在列以享以薦既芳既潔禮成
樂備人和神悅祭則受福率遵無越

送神樂咸平之章　無舞　望燎同

有嚴學宮四方來崇恪恭祀事威儀雝雝歆志

惟馨神馭還復明禋斯畢咸膺百福

樂器

麾　金鐘　玉磬　鼓　摶拊

柷　敔　琴　瑟　排簫

笙　簫　笛　塤　篪

舞器

節　羽　籥

崇聖祠雍正元年追封

儀禮

至聖先師孔子
五代王爵每春秋祭日先行致祭儀節同
正殿惟不用歌舞
崇聖祠牌位
昌聖王伯夏公東南向
裕聖王祈父公東南向
肇聖王木金公正中南向
詒聖王防叔公西南向

啟聖王叔梁公西南向

祭品五案

帛一白色鉶一簠二簋二籩八豆八

酒罇一白磁爵三共羊一豕一

配位

顏氏無　孔氏鯉

曾氏點

祭品每位一案

帛一白色魚一豕肉一簠一簋一籩四豆爵三

東廡

周輔臣淳頤之父　程珣顥頤之父

蔡元定沈之父

西廡

張廸載之父　朱松熹之父

祭品每位一案

帛一白色簠一簋一籩四豆四磁爵三

文廟正殿陳設圖

名宦
鄉賢二祠同時分祭合設一案儀同兩廡

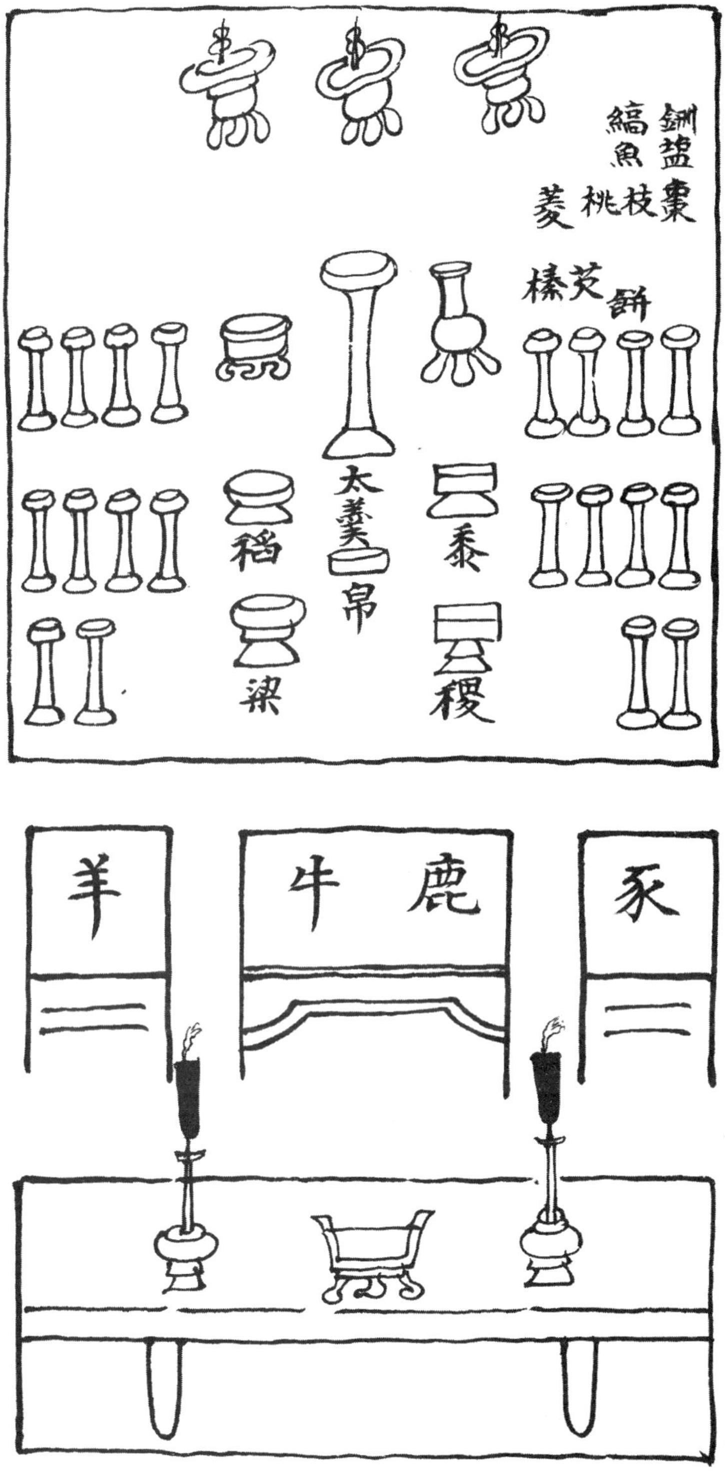

儀禮

東四哲東四廡各照祭品同

正殿四配陳設

武廟

每歲春秋仲月及五月十三日致祭

關帝承祭官齋戒一日不理刑名至期黎明文武

官僚服朝衣詣
廟行三跪九叩禮迎神瘞毛血初獻讀祝亞獻三
獻徹饌望神望燎一如祭

文廟儀節

春秋二祭祭品

帛一白色牛一豕一羊一籩十豆十

簠二簋三白磁爵三

五月十三日祭品

來鳳縣志書　十七

帛一　白色牛一羊一豕一　果五盤白磁爵三

後殿雍正三年追封

關帝

三代公爵每春秋祭日及五月十三日先行致

祭承祭官行二跪六叩禮餘儀同

前殿

關帝先代牌位

祖裕昌公

曾祖光昭公

父成忠公

春秋二祭祭品

帛各一　白色　豕一羊一果五盤

武廟陳設圖

文鳳縣志書　儀禮　七

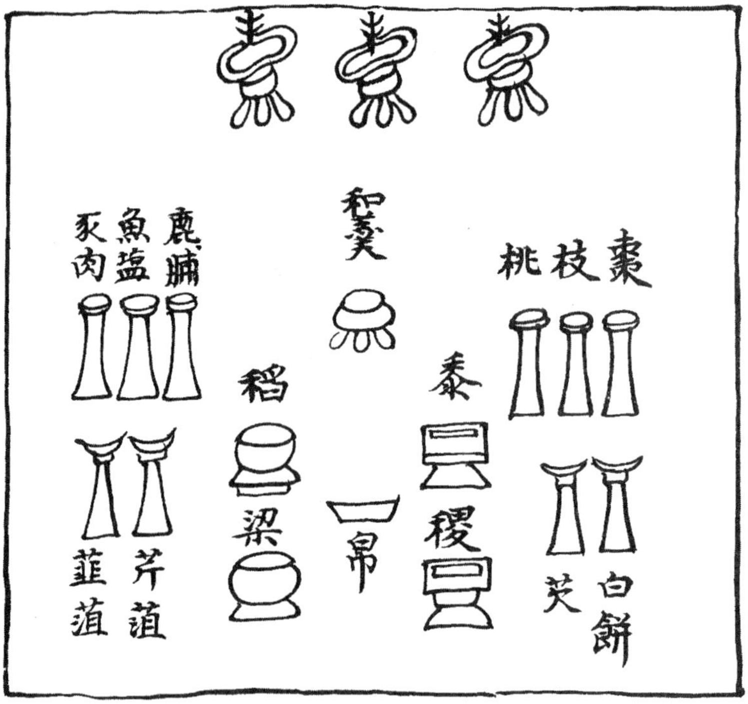
和羹
鹿脯
魚塩
豕肉
棗
枝
桃
稻
黍
一帛
粱
稷
芹菹
韮菹
白餅
芡

羊
牛
豕

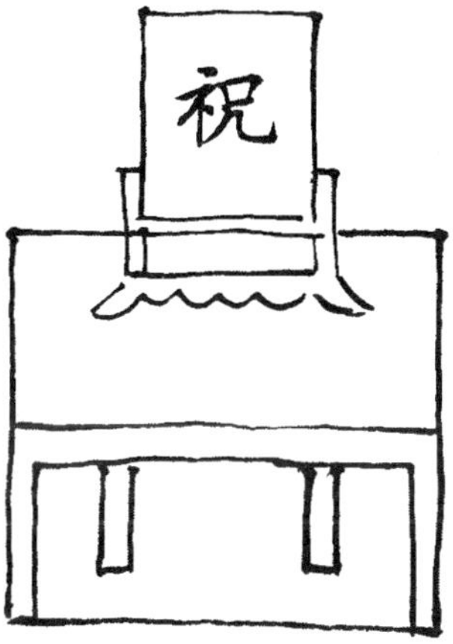

壇祭

先農壇

每歲季春月亥日巳時致祭

先農午時行耕籍禮先期齋戒二日不理刑名前

一日遣官省牲豫備耒耜籽種青箱竹鞭置彩

亭內鼓吹迎至耕籍處所祭日承祭官率各官
請
神位供於壇上服朝衣祭畢送
神入祠
壇高二尺一寸廣二丈五尺
牌高二尺四寸廣六寸座高五寸廣九寸五分
壇後祠宇
正房三間配房各一間正房中間供

先農神位（紅牌金字）正房東間（貯祭器農具）正房西間（貯藉田米穀）

東配房（買辦祭品）西配房（農民住居）

藉田

四畝九分（置於東郊）

祭品

帛一白色羊一豕一鉶一籩四豆四

簠二簋二

儀注

各官同詣壇所服朝衣行二跪六叩禮迎神初獻行一跪一叩禮獻爵獻饌獻帛興復位亞獻三獻如初獻儀三獻禮畢行飲福受胙禮次行謝福胙禮俱一跪三叩首興復位行二跪六叩禮送神次詣燎所望燎三揖禮畢各官更蟒衣行耕藉禮一官捧青箱一官播種印官右手扶犂左手鞭執行九推禮農夫終畝耕畢回官廳服朝衣望

闕行三跪九叩禮仍將遵行耕籍日期通報

耕籍器物

農具一赤色牛一黑色籽種一青色

耕籍人役

耆老一名牽衣農夫二名扶犂

農夫六名唱歌

社稷壇

每歲春秋仲月上戊日卯刻出主于壇致祭文

武官僚先期齋戒三日不理刑名祭日服朝衣
行三跪九叩禮迎神瘞毛血初獻引印官詣
神位前行一跪一叩禮獻帛獻爵獻饌詣讀祝位
行一跪三叩禮讀祝次行亞獻三獻禮儀同初
獻三獻禮畢行飲福受胙禮印官詣飲福受胙
位跪飲福受胙叩頭復位行謝福胙禮印官陪
祭各官俱行三跪九叩禮次徹饌承祭各官行
三跪九叩禮送神畢望燎各官詣燎所三揖禮

畢徹班

祭品

帛二青邑豕一羊一鉶一籩四豆四

簠二簋二

北壇陳設圖

北壇

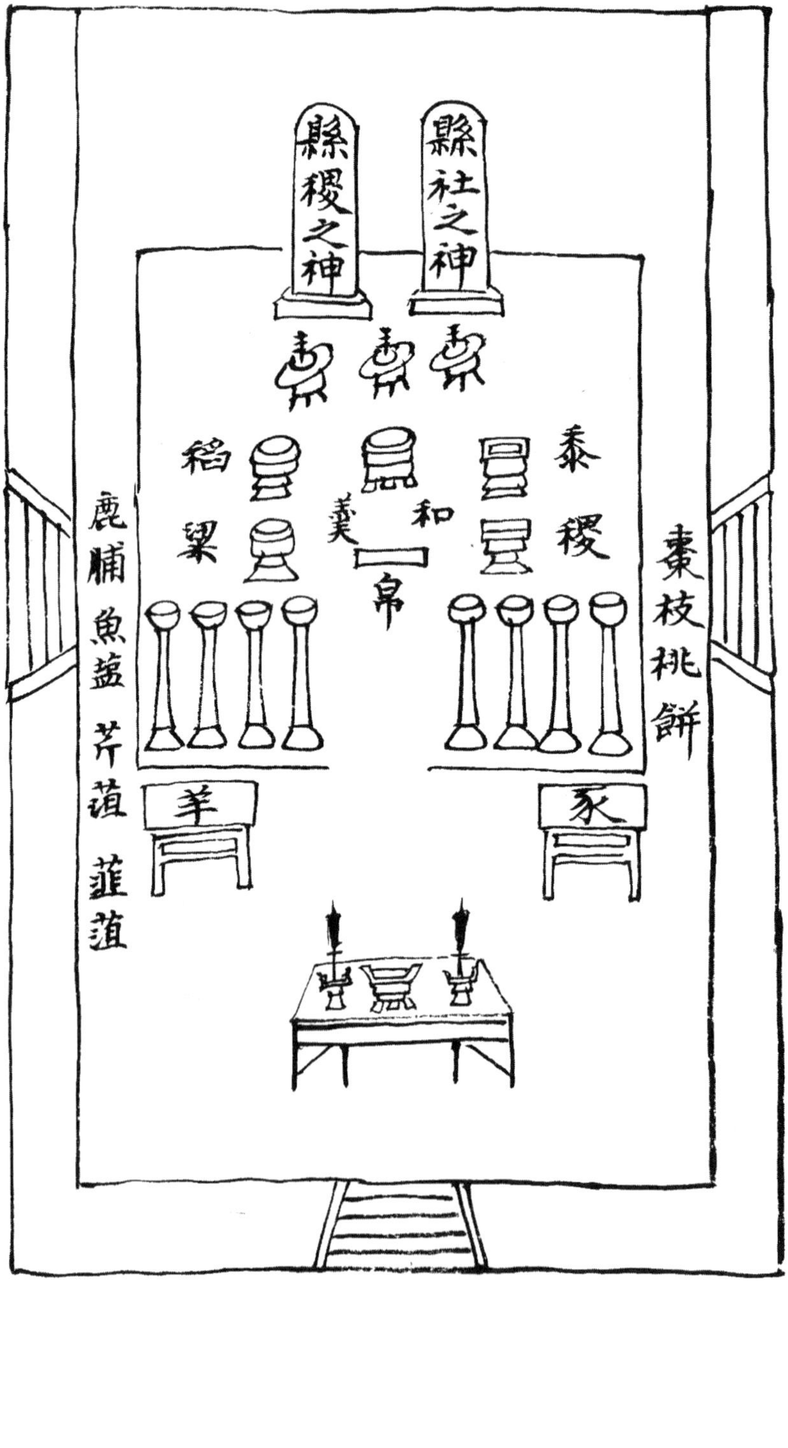

風雲雷雨壇

每歲春秋仲月上戊日祭

風雲雷雨

山川

城隍之神共一壇

坐位

風雲雷雨居中帛四

山川居左帛二

城隍居右　帛三俱白色

文武官僚服蟒衣行二跪六叩頭禮餘祭品儀節與

社稷壇同

厲壇

每歲清明日及七月望日　十月朔日初昏請城隍神像詣壇主祭榜無祀鬼魂分祭之羊三豕三飯米香燭酒紙足用有告鬼魂文各官服蟒

衣行二跪六叩頭禮畢讀祝文化紙奠酒撤米
畢先送
神像歸廟各官隨後回署

來鳳縣志書

[illegible]

來鳳縣志卷之十

藝文志

文以載道將以行遠故凡可以紀政治述勝槩以及道揚盛典通達輿情比事屬辭而足為懲勸皆修齊治平日用之常經歷久而不變者也即不嫻風雅亦無媿著述若夫誇多鬭靡駢四儷六以寄興于風雲月露間無足多焉來邑新改縣治藏書老舊邈矣無聞而當前之可登簡

編者正復不少改設以來亦有一二可以採輯
者爰錄述補闕擇其關于縣治者作藝文志

碑記

文廟碑記乾隆二十一年

國朝定鼎之初誕興文治即隆
祀
至聖之祀典國學有廟闕里有廟直省郡邑有廟崇
先師大成至聖及七十二子凡先儒有功聖門者亦
皆從祀廟庭
列聖相承重茲典禮今

來鳳縣志書

皇上洽治重光尤加意文教崇學尊師而德化之覃敷無遠弗屆苗疆改設百凡未周即首事文廟蓋以幾希之存於人心者不可一日或去而大聖人明善復性之教不可不時時晉智愚賢不肖而偕之大道也蓋大聖人之道鉅無弗包而細無弗入初不以今昔遐邇而有間聖人之道即天地之道流行充塞于宇宙間者無所往而不在焉施陽來鳳舊為楚蜀之交去京畿七千

餘里古要荒之地歷年多而漸摩久風氣日開
俗亦浸變
今上御極之元年奉
旨建
先師聖廟峻整深邃巍然當座
聖像蓋尊後建
崇聖祠崇祀至聖五代牌位制亦周備神獲妥安顔
曾思孟與十哲位次配列左右復作東西廡分

藝文

庠從祀諸賢左旁置明倫堂一座後垣隙地可
數畝作齋舍蓋自行義路入禮門大成門一望
俾夫列宮墻內跂宮墻外者一顧瞻而知聖道
之可修聖教之可尊也絃誦之勤風化之美不
于茲廟有以正其本而錫之極歟夫古者黨庠
序塾以次升于司徒論諸司馬今雖學宮未備
補弟子員者漸附施學儒官未有專司然數年
生聚數年興育庠序之制師儒之官漸次完備

將文章蔚起經術修明其所以仰答我
國家豈弟之化者砥礪躬修一返于古期無負大
聖人明善復性之教無使覘風化者謂文教之
隆獨在科名己也是則官斯土者之與爾諸後
生心期而願望之者爾爰為之銘曰
緬維聖道歷久彌光無行不與江漢秋陽生民
未有千秋素王顧瞻廟貌佩服不忘惟茲來地
新闢土疆惟爾多士克念彝常毋詭于正毋嬉

以荒明體達用允罔不臧馮翼孝德鳳鳴高岡
步趨賢聖喜起明良

邑侯于公捐建義學置學田碑記

我侯之治邑也慈祥愷悌仁義兼施弼教明刑恩威並懋凡向之椎髻蹺足慓悍難馴者靡不革面而革心矣獨是改設未久誦讀者不易其資即不易其人司迪者不得其人亦不得其地我侯用是朝夕廑念而孜孜弗釋焉特捐俸廉

于本城大旺建義學二座置學田四十五畝禮聘仁良聚孤寒子弟而教養之九年以來菁莪之化育維新樸棫之歌吟獨盛是何啻裁成禮樂三千指點鵾鵬九萬乎今我侯以清廉以勤慎上膺

簡命調繁漢川指日榮行扳留未遂謹勒數言以誌去思云仁侯諱執中字君敬號韶菴山東萊州府昌邑縣人治邑九年今調補漢川縣正堂捐

建本城大旺義學二座復捐置學田桐子園田二十一坵計畝三十一畝五分一厘零竹園坵田二坵計畝一十三畝七分五厘乾隆七年歲次壬戌季秋月吉旦闔邑生童仝立

張邑侯捐修沙坨坪新堰碑記

民間之興作未有不由在上之鼓舞而能踴躍有成者也來邑改縣治類多崇山窮谷而平原沃野可開墾者不乏其有水源之逶迤綿亘可

開濬以資灌溉者莫如元阜里之沙坨坪也在昔相其水道取自紅崖溪計程七八里歲庚申于邑侯興修尋毀壬戌重修癸亥又毀衆竟置之無如何矣張邑侯蒞任釐懷教養船自相土度勢復命重修民歡從之陟巘降原不憚劬勤爰捐資鳩工穿山鑿石挖溝築堤數閱月堰竣前後費百金計不滿六百而利賴無窮功垂奕世上益國而下裕民雖用力者民而鼓舞振興

者不在民也豈得以耕田鑿井為小人之事而忘上力于何有哉張侯諱冲字天衢由癸丑進士調任來鳳縣知縣河南陳州太康縣人也堰旣成民感其德勒碑以誌不忘額為天地同流因借歌以頌之曰雲山蒼蒼流水泱泱 張公之澤山高水長

范邑侯重建義學碑記

侯中州世家也甲辰魁鄉薦癸丑捷南宮初分

符得荊施之建始縣政簡刑清廉調來邑甫下車奉聘入闈經數月旋復興數大政知邑之學校未興則詳請之知邑之荒郊膏腴則勸墾之知邑之胥役鮮當則擯斥之其有好事舞文無情健訟者一經公斷不惟負者忘刑直令人傾服而後知是非不罔公道在人間也至于庠序之典尤惓惓注意所有義館諸童每親詣講貫多方鼓舞尤慮遠邇就學者不足以容復為之

重修建設門廚前堂後室煥然維新異日文風
興起端有賴于斯矣是侯以天下才僅父母一
邑未數月政通人和則由朞月而三年以答
聖天子之休命者誠不知其何如矣從茲待命楓宸
龍章寵賁煌煌善政銘彝鼎而傳青史固其所
必然者區區勒石一隅何足為侯重第使後之
繼侯以父母來邑者觀茲石而效斯政侯德之
延綿在千百世矣則此一石也豈特為一時誌

來鳳縣志

作人之慶已哉乾隆十三年歲次戊辰孟夏穀
旦闔邑生童公立

衙署記

乾隆元年奉改設仰荷
聖恩支帑建衙署外照壁一座大門左右兩班房儀
門一東西角門二儀門内
聖諭坊一座書役房東西各四間大堂一座東西庫
房由川廊至宅門兩廂房四間二堂一座東西

書房三間廂房東西各三間後堂一座三間東西廂房各三間廚房二間馬房二間儀門左為土地祠儀門右為禁獄內臯陶祠一所外監二間以羈女犯併輕罪者內獄三間中樹柵欄外設監門鎖固周圍高墻通署右常平倉兩座六厫倉西為典史署外照壁一座大門儀門大堂二堂其二堂初建茅屋乾隆十九年捕廳張陋其制捐俸以瓦易茅重修西書房梅園鏡心堂

前後拱向後寢堂三間廚房馬房各二間自縣署中隔倉廒後砌圍垣中間隙地可十餘畝云

建社稷三壇記

古者建國則立壇壝祀社稷以祈報而宜民也下自郡邑各得置壇墠于郊坰南祀風雲雷雨山川北祀社稷而厲壇亦隸北從幽奧之義也來自改縣治南北各有專祀而壇未設僅度幾席地曠置之而又厲祀與社稷同地非宜余每

承祀其閒肅恭蠲潔以介神勞計今典之缺未備更慮地之暫侵没于民也乃與張尉某營築壇地南壇負離面坎北壇負坎面離高各三尺周十三丈繚以垣四置石柱前闢神路左右各爲階級更置厲壇于北隅制視社稷較隘不與社稷同位其上俱不構瓦木以未縻羸公帑又不欲闢于民也壇成余復承祀踐位行禮視初之壙置荒地尤有昭明君蒿之意其在詩云圭

璧既卒寧莫我聽在昔永旱有災則變置之蓋祈報饗以效靈資民生者化甚溥也夫天地好生率育不已長民者勤施而左右之用其愷悌升為馨香足以播和導祥茂對贊育原不在斯須之神聽格度可以邀致鴻庥也君子之交于神以政不以文而政本乎德書曰黍稷非馨明德惟馨余懼凉德無以宣時序而質鬼神若夫器度儀章之際其奚與於休嘉之徵也哉是為

記

岐陽書院記

自唐虞立德三代立政而教行乎德政之間孔子兼之祖述憲章生民未有子思直揭修道謂教道之在天地也發于山川洩于人文上自日月星辰下逮昆蟲草木莫不有道吾身渺焉中處所以位育參贊者于道是賴而國家舉帝王之政養士取人率用是理顧教必有其地地必

有其名欲專業其地者循名而責實焉耳我
朝重道崇儒興賢育德其自郡國州邑俱令建義
學爲講學肄業地來邑隸施陽改設以來雖學
宫未建故置義學于城南猶慮地廣人稀負笈
者憚于登涉也大旺卯峝復兩設義學合縣城
爲三處是皆二十年來蒞斯土者闡之上官籌
畫周詳仰體我
皇上作人造士之雅化冀存幾希于不没也比年來

風氣漸開執經請業者蒸蒸然起本城義學舊
制卑陋亦幾就圮且殘屋數椽而未經懸額位
置爰即舊舍鳩工庀材營葺完固額曰岐陽書
院前講堂後學舍周繚以垣可數畝為後來增
置學舍地盖雖未能規制完備彷嶽麓石鼓萬
一亦聊以使此一方之執經請業者來者無風
雨不蔽之嘆焉爾顧學以立教教以明道昔朱
子記合江書院謂諸生之所以學而非今之人

所謂學吾友張子敬夫記嶽麓者語之詳矣顧於下學之功有所未究是以講其言者不知所以從事之方而無以蹈其實然今亦何以他求哉亦曰養其全於未發之先察其幾於將發之際善則擴而充之惡則克而去之如是而已後之學者信能於朱子所謂將發未發善與不善之間而得其所以為善之實行遠自邇登高自卑親親長長而天下平窮理盡信之學於是乎

在而豈第章句文詞之末謂可剽取科名也哉吾願與來邑人士喻之願與五方戾止來邑之人士共喻之且願繼自今蒞茲土者所以嘉惠我來人士屬望後起者無不以入孝出弟守先待後為講學明道之教由是而升堂而入室宗廟美百官富則此講堂一席地不僅使一方之執經請業者無風雨不蔽之嘆而直可作聖域賢關視也已是為記

書院工課規條

一每早各將昨日誦習經書古文今文撿齊伺候先生背誦畢齊聽講授本日誦習經書上午聽講解經義下午聽授古今文晚務將本日所授反覆熟讀掩卷自誦以便次早背誦無違

一諸生各置工課簿一本每日每幅填寫理四書某章至某章理經某章至某章古文那一篇時藝那一篇係那箇人的文字以便不時抽查默

寫默寫時或錯或訛或有別字或增減點畫俱懲責

一每月初二十六等日本縣出題月課書文一經文一或策問一五言排律一初九二十二等日先生出題齋課書文一律詩一諸生務盡一日之長不許越宿交卷逢課不許託故不到

一按日誦習經書俱有課程逢課期則于本日填課字逢告假則于本日填假字或給假一日或

給假二日俱要詳明本縣不時查點密訪未經
給假而擅離書院者懲責
一同堂肄業須觀摩集益勸善規過倘有不遵師
訓不敦友誼或相傾軋或相狎侮許知者首報
學長不覺察而互相徇隱並咎
一書院詩禮之地務各具衣冠以便晋接露頂短
襟非應對進退所宜
一早晚私自出入引結燕朋閑遊群居者查出革

責

視履亭記

邑東關爲通郡大路　上憲巡歷從此入境冠蓋來往率多由是而隣封行旅走黔蜀者恒于是過街衢民居列屋郭外沿溪水田處無一席地可爲官司迎送之所而行李往來亦無可少憩其下乃傍溪覓隙地縱橫計二丈餘飭工庀材搆後室前亭一座亭翼道上坐西朝東制取

樸固不事麗飾以六月望日興工七月望後告竣詩曰周道如底其直如矢君子所履小人所視爰額曰視履亭以誌云

天人橋記

治之西南三十里爲馬鬃坡越坡數里爲高岡崗臨溪溪之濶無過一十餘文但此地非官路不設官船近民募制葦渡制小其截流有嵌石橫欄上輕下軒作掬水勢非暴雨溪漲時離水

數寸騍馬徒步可從此過特左岸缺二丈餘如牙齒脫落其一者水深流急放木便者從此下灘提甚一不知天之生水生石故流一缺以通木道抑或通木道者之鑿破混沌使然歟而濟渡者恒以是隔有架獨木其上以便來往者木狹而溪險水湧急時不及收常漂以去余嘗走大旺汛輿人負由此視官路近十里每到是為行人危之而二尹　蒲公過此亦有難色爰與

議造木橋即溪中之嵌石鑿竅植砥柱高三尺許上架三木梗寬亦約三尺維以鐵纜溪漲時梗浮而鐵纜維之其畔砌石磴使坦平則輿馬之濟如康莊矣下令里民取材庀工一閱月可竣程蓋欄溪自然之石橋五居其四補一段之木即可以利濟因天之功而人易為力亦丘陵為高川澤為下之遺法也橋成爰立碑于橋頭勒曰天人橋以誌不病涉之意云

卯峝記

治來之明年五月六日因省農與　蒲二令董司至縣南百二十里為卯峝峝濵河司署在焉南北行從此登畔其東流自施郡由宣入來西北大旺衆水歸焉以河與湖南龍山分南北界西流自蜀酉陽來東西二水滙卯峝出口浮辰河達常德山勢迴環擁抱不見水去處暴雨時下流未通漲幾數丈其上三十里為漫水以

水勢平緩故名漫從此舍輿駕小艇順流行二十餘里為欄河蓋將以崗石作水欄斯以欄名河鄉鄉民相率迎官司呼其老者以從撑數里河漸隘僅十餘丈左右崖壁陡削墻立無堆阜突怒嶆屹硬礙狀天作地成細膩光澤互相繞映如雕琢磋磨就者顧使雕琢磋磨必不能就若斯之細膩光澤者忽而見浮圖對峙方圓層級丈尺不紊忽而見天門重開淺深廣狹出入

可由或作靈犀分水劈開判截勢或作巨鰲戴
山負重隱伏勢俄而鄉民指謂石磨龕則見其
團圓對合可以碾食糧指謂下碁枰則見其坦
半位置可以布技局指謂香爐崖竦然作縈起
煙雲想指謂蓮花餅飄然作凌波僊子想中有
崗門最廣可十數武鄉民云此大洞也乃躡衣
披草而進內作兩層周圍幾半畝中置石几方
廣二丈若削琢安排者上層幽邃細視之有石

菩薩坐像若現若隱几側有蓮花座儼然觀音大士一尊傍侍神女作鞠躬奉持貌復有倒垂蓮花百數十瓣冰雪清姿亭亭出水真所謂遠觀而不可近褻者歟更可異者中有四靈石龍鳳矯首奮翼半入上空杳渺之鄉龍尾搖曳五六尺屈曲蜿蟠具飛天勢鳳尾扇開有雲儀千仞之意而麟龜隱伏兩相對待毛介栩栩生動徘徊留之不忍遽去噫異矣反登舟暫閒有急

湍湧激響鄉民曰此正洞也離洞半里攏舟不得逼視遥望崖壁數十丈截流半壁有洞門頗窅視大洞僅四之一半門置一横檻擎三杆鄉民謂壞時即依舊制易新陳者墜下予人見之不能拾以去是或有神物者主之瞰第見水從崖壁下瀉瀑難測杳不知其所之商人運木至輒折散逐根放流緣畔行三四里許下口撈拾數十百根間有失一二者以其中之倔佶㵝濈

有未易以直達之處蓋觀夫大川之利涉彼輪囷離奇者之出山而為世用從未有若此之蹊徑廻別者也鄉民謂冬月水淺時從下口而上其中水遻之幽玄石態之變幻畸塊尤不可方物時　張尉因視圃犯疾未偕至始憶其素稱佳境及謂秋冬從下而上閱歷尤奇絕益信而鄉民猶殷殷有詞謂昔有仙人傲遊此間杖履逍遥父老能述其蹟噫異已夫以玆崆峒之深

窈川流之灣瀯山石之靈怪幽異設置之中土通都遊覽品題者日不知其幾千百輩即未經遊覽品題者亦能熟聞其名心慕其勝以不親歷為恨也乃今棄之遐僻之鄉奧荒之地豈造物者故于蓬萊瀛島外別為餐霞羽化者闢一區宇不欲使凡迹之相溷也千百萬年寂寞清冷曾無有過而問者而為孳孳之利徒所懊嗔謂一間未達之不能擴包荒之量者歟孳孳圖

利之徒亦烏足與語此者哉余故愛茲崗之奇而惜茲崗泯泯于此之不幸也　二令蒲君謂吾儕今日之遊而茲崗得公之顯其微闡其幽則其幸也余謂吾子斯言對山靈而滋愧矣夫以千百萬年之寂寞清冷于此曾無有過而問者而且為庸夫俗子之所懊嗔余亦何力而能顯其微闡其幽使遊覽品題者之不致泯泯而熟聞其名心慕其勝者之以不親歷為恨也則

仍愛之而仍為茲峝惜其不遇于今茲也夫雖然茲峝之深窈灣灣靈怪幽異天秘而地私之固宜為庸俗之所懊嗔而亦何藉遊覽者之品題闡其名慕其勝者之以不親歷為恨也必藉是以顯其微闡其幽則非所以成茲峝之深窈灣灣靈怪幽異也已

養濟院記

治之西郊故營院庭一座額曰養濟盖以養民

之孤老者而濟其窮乏也西伯行仁必先無告
撫元元者何可不仰體我
后痌瘝之念引一夫不獲之辜特是施博濟衆堯舜
猶病以窮民之蒿目比比也勢亦何能兼收並
畜院原置孤貧八口名額按日給粮至外來之
流丐亦得許投足俾無餐風宿露之悲惟願民
和年豐不生夭札若輩之徼我
皇仁者固不第區區一席地也云耳

序

散毛宣撫司序

來屬原七司散毛為衆司之長其始祖墨來送為唐貞觀安撫使遞傳至宋仁宗朝有野毛者加散毛宣撫使司其間因兵燹殘闕不可考迨後世襲舊職俱為先朝禦侮臣

國朝吳逆蠢動勳麟隨

王師征吳平賜將軍印沙溪六峝等處屬焉

世宗十三年覃瑄率屬歸誠繳宣撫司篆賜世襲千總撥給漢陽房産瑄無嗣諸列憲欲題請其弟璠承襲固辭蒙允

題奏扶兄櫬回籍督課兒孫家尚孝友于今沐浴

聖化敦勉詩書兒姪輩漸次遊庠食餼書香頗蔚起云

修羅二箐路序

邑之西五十五里爲革勒車塘越塘十里爲總

管寨有茅店數家歷寨幾里許入羅二箐口怪石堆突大者虬蟠虎負小者鋸業牙錯下則溪壑衝潰橫汎無紀又復林深樹密灌莽叢翳蓋自箐口抵分水嶺與咸豐土老坪壤接原無可通之路而自酉陽彭水駝背鹽鐵者率皆由此蓋以兩邑連界俱有汎塘而僅歷此十餘里之仄徑厓險可就周道故于無可通之處而為必欲通之竇然亦僅已客冬因公過此心病之即

向者民商開道之方云非數月之功不可茲廹歲暮入春夏苦多雨水俟秋冬交山氣燥烈攻焚開鑿方能濟事余時然之比今春之正月

巡憲來公按臨路出此往咸邑深以為此川楚商旅來往之區不可刻緩於修治也遂檄縣飭製鐵器如桿鍬鋧鏈若干屬即委張尉某督修烈焚勘劈開挖鏟削將使化險為易可以通商便民此誠　巡憲勤恤民隱蕩平王道之至意

也余爰與張尉相土制宜或舍盤錯而旁通或避嶮巇而曲引或因窊霪而鋪棧築杭或剔棘荊而剗平削直凡三閱月而工竣恍然別闢一新途一不知夫治道者之必循故轍抑或別於取徑否也然後信非 巡憲之勤求民瘼而勇于猷為必不能化險為易若斯之速也路成訂咸令中罡孫公勒界碑于嶺曰今而後敝邑之與貴治通衢直達誠如有 巡憲之所謂通血

脉者孫曰二邑血脉之相通久在西北忠堡黄栢園一道矣從來之貞肅歷香水坪黄栢園老鴉闗而忠堡至咸城無崇山峻嶺之隔而又視羅二箐道近二十餘里血脉相通于此矣公豈未親歷而未之知耶余謂人身血脉之通四肢無間手治而足不仁病已又焉可以臂指之運掉如意而任兩足之病腫蹊盭也哉

義塚序

出東門關不數武為河沿河行里許故置一隙地瑩碑作義塚塚山從兌轉坎乾亥垂頭朝巽已方廣約有七畝餘塋各厝半故作腰落勢前屏後嶂山環水抱蓋不特地之寬綽無礙稼穡之場而川原形勢之團結是可為斯塚者造福云

頌

修羅二箐路頌有小序

歲丙子之首春　道憲按臨我來邑路從總管寨抵咸豐訝此處林深石踞輿馬往來維艱爰檄知邑侯林　謂捕廉張　辨事勇往委令督修張廉遂引為己任鑿石刻木舊路已修新徑復闢從總管寨迄分水嶺計程八九里化險為夷不日告竣此雖我邑侯捕主之督率有方民樂趨事而實　道憲之德澤覃敷無遠弗屆者也因為頌曰

緊茲紆鬱密林深箐溪壑窈盤亂石崎傾時遭
陽雨更苦泥濘每籌開鑿安得五丁輶軒一過
相勢度形隨山除道不日已成德輿載道蕩蕩
平平旹乾隆丙子年季秋穀旦闔邑士民公立

補山頌 有引

蓋聞山媚川輝地靈自產人傑築高濬巨人力
可補天工來邑水抱峰環陽變陰合雖歸流未
久而發蹟可期第以酉方巒頭一隙頗為鳳城

局面微瑕即造物自然之文章作人事將來之點綴攝界縫于縝密借彼碎礫汙泥聯兩橛以圓嵐何需雲封煙鎖爾乃補苴罅漏鳩集工程或負籠而載轝將杯土而拾石相與衆擎易舉毋俾一簣功虧云爾頌曰

山鎮酉方邑里攸望龍遊漢水鳳宿梧崗陰陽會合保障土疆天工可補罅隙成圓開列形勢秀媚嵐巒敦艮獲吉千載盤安

津梁頌

難越關津致慨道左爲舟爲梁是濟坎坷龍化
江皐虹臥波沱民不病涉行辟人可

贊

來鳳縣贊

舊遺苗種新闢奥區溪澗聯絡崖岫鬱紆撫綏
安息
聖化覃敷

來鳳城贊

邑取鳳名地肖鳳形展翮翔集舒緩坦平千年德象三里鳳城

貴帽山贊 神冠朝雪即此

來邑飛鳳西南萬仞貴帽一峰靈毓田畯朝兮暮兮雲興則潤感而遂通結志誠信言告山英為龍為鎮實函斯活行施在迅

箴

倉厫箴

在官在民義社常平貯積散賑歛薄稅輕毋敢侵蝕大戒小懲頻書大有百室盈寧

監獄箴

無知犯法罪戾難逃求生不得爲之奈何畫地不入拘攣如匪刑期無刑庭張雀羅

義學箴

學毋嬉嬉則危學毋歧歧則離學毋盈盈則傾

學毋怠怠則敗學毋躁躁則暴不患德孤但虞學疎不虞名晦但懼學昧漸進不已居安資深惟爾多士勗以學箴

詩

來邑十六景 有小引

治多危山怪石古洞清谿而負郭而城一泒平原沃衍若沙沱紅崖東流安壩等處山率開生面陰陽變而膏腴亦多山輝水

媚勝境迎眸賞不暇給惜綿歷歲代寥寂委置無有過問者閒就閱歷所經撮其尤者標為十六景聊成數長句以誌其槩山靈有知得毋咎吾儕之掛一漏百云

桐圃春煙

龍門嘉種遍菁蒼繡陌煙霞極目望桃李飄風皆吐豔禾苗出水盡稱良芳園未老高枝宿曉徑渾疑錦帳香不特鳳條君勿折寒節起邑儘

光昌

桂坡秋碧

翠微坡上早凉秋桂樹摇香碧岫幽霞冷芳叢

盈粟把風高靈閣拂條桑扶疎獨秀晴空淨躡

屐爭看爽氣浮老子於今興不淺皐登舒嘯亦

悠悠

翔鳳朝陽

丹穴雲儀彩翩揚德輝千仞拱扶桑鳴岐久説

藝文　五三

華西地隂照偏巢楚北鄉七德靈從鰲戴轉九苞瑞並麗精長想因王化流遐壤藻日文星望欝蒼

伏虎嘶風

扃深古洞自何年昂首呼號氣竦然玄豹疑同深霧隱明犀無用着燈燃焚輪駭翩探喉吼噎氣遊塵信口懸勿謂使君封姓氏逍遥吹萬樂堯天

客寮霽虹

經旬陰雨報方晴，瞥見霓虹飲澗清。色別雌雄明遠峽，彩分紫絳映邊城。寒杉樹底樞星燦，古寨橋頭複道橫。薄暮蒼茫來過客，恍然天際倚雲行。

龍津漁火

一帶長泓界北南，漁燈草樹映毵毵。中流沉璧淵光靜，隔岸燃犀水影涵。萬點春星羅碧漢，半

鈎纖月釣清潭漁人休向津頭問顆顆驪珠未
許探

峽關傳鴻

地接宣城出郭東峽塘關外盼飛鴻烽煙永息
千年火郵路時傳萬里筒何處啣蘆憐片影却
疑繫帛墜林中征禽不爽隨陽字遵陸清音度
遠風

神冠朝雪

曉望巍峩迥不儔芙蓉冠上玉盈頭曙光映紫浮玻鏡宿雪垂珠繫冕旒待漏何曾偕鷺序通源自是冒天麻青螺白接誰相識被帶雲虹幾十秋

三山疊翠

北郭峰高積翠微蓬瀛方丈是仍非珊瑚架列床僊筆圖畫屏開簇繡圍五馬東來煙着屐九龍西去雨沾衣吾曹安得常登陟韞玉情容幾

度輝

雙秀捍門

天然獅象伏河干中有明珠石激湍懸日應推
群獸特藏牙休舞衆酋看嘶風漫説占文炳分
水何須羨辟寒想是英靈鍾傑異輿人容易許
觀瀾

九龍靈湫

聞説蓬萊九氣龍真山宛轉憩山人草庵懸溜

集飛鶴玉檻寒漿色賽銀勿擅勿私沿酌爽不枯不溢歷秋春圓環醪醴探茲穴何處貪泉混染塵

石門穿月

草樹蕭疎歷晚村晴輝萬丈射崖門幽林鳥靜篩雲影石磴風微逗桂魂一鏡懸空連晝夜長河瀉碧印川原謫仙問月亭何在是處低頭憶故園

石峰壁立

鳳城西望接雲天千尺崚嶒勢陡然縮地飛來峯蔚紫臨涯聳峙影侵泉橫披圖畫煙時染移置郊闕郭永堅為閣舊司之故老未曾着屐幾何年

瀑布泉流

石磴飛泉瀉玉鳴十尋山溜看瑩瑩澄江綺練侵雲碧曉几泉琴入耳清未必承瓠能不漏可

堪涯錦一船明建瓴崖壁懸天際誰解靈源汍
檻名
龍洞激湍
誰識靈開古洞幽滃滃奮迅激灘頭龍門巨跡
緦猶曝雲夢洪濤氣欲浮正恐鮫人難搆館可
憐楚客欲乘流能王百谷稱善下盤薄驚湍勢
似牛
卯峒僊跡

來鳳縣志書　藝

曾說仙人到此遊仙人飄去跡還留不傳姓氏於凡世疇識玄機以鍊修欲覔石雲知素字卻疑函谷遇青牛淵濤俯瞰成塵隔畫水航江羽扇秋

示

勸民祀祖先示

為勸諭客土士民奉祀祖先木主以全子職以彰孝道事照得木本水源千年猶有追遠之敬

屬毛離裏二人更深罔極之思故夫致慤致誠
履霜露而悽愴思樂思嗜撫梧棬以纏綿既無
召笑之可親爰設神位以將享序以昭穆神所
憑依蓋祖孫一氣父子一本呼吸可通精神如
在我來邑土疆新闢仁讓漸興名教綱常何殊
市井草莽冠婚喪祭不隅僻壤遐陬最可異者
三年除喪燒燬木主家不祀生民之祖先子不
奉生身之考妣既棄祖父焉知人倫即或歲時

祭享亦有時食之薦新而未嘗神位安棲必無
來寧之妥侑可憐有子有孫竟作無嗣之鬼傷
哉為塋為祭寧無終天之悲遂使不一再傳姓
字曾不記憶試問爾若孫子年月亦罔聞知魂
飄飄而曷依意渺渺以何從爾等亦猶人子亦
有人心追念孩提寧無怦怦心動顧瞻榱桷應
亦戚戚哀生第風俗囿人沿習罔覺本縣興言
及此動魄傷心乃祖乃父若將告予若子若孫

庶其內返繼自今重思報本亟轉澆風各於居
室正中奉祀先人神主函分表裏氣通幽冥外
書姓氏字名內填生卒月日奉祀幾男卜葬何
地於是聿啟靈居追音容其如在爾乃每逢時
祭冀精爽以來歆將本根庇而枝葉益茂仁孝
敦而風俗攸美是皆爾等未艾之後福也若仍
前除服火化木主殘忍先見于所生家邪其指
為不孝是真天良斲喪冥頑不可化導之禽獸

弗若者矣士為民倡無待亦興爾紳士尤宜觸
發天良身先表率曉諭家族習尚維新願甚幸
甚為此示仰縣屬客土士民人等一體遵照毋
違特示

諭行婚聘禮示

為釐訂婚禮以正彝倫以齊風化事照得夫婦
居五倫之首婚姻重六禮之修故夫緣自天定
亦惟好由人成來邑歸流未久風氣亦醇而婚

事訟端殆無寧日雞酒賀週後來指為聘禮乾坤生造詞內粘為庚書殘紙鸞牋曾無姓氏為據詭謀月老廼言援繫可稽盖由始之不慎以致終之多岐經前　府憲飭議頒式時日延久終莫適從本縣痛懲陋風亟思以禮善俗禀先儒家禮之遺遵前　憲婚啟之式鐫刻分函刷成填寫並加鈐印若合符節請自今始欲定婚者赴禮房給發以便行禮其自外邑移住議親

已定者亦必換給為憑不第以彌爭釁息訟端
而直為爾等造永世其昌之福也自示之後如
仍因陋就簡不遵禁者示族長鄉保具禀以違
禁論倘族長不能道達教諭及違禁不首報者
均坐毋忽特示

觀風示

為初蒞季考以課儒業以覘文風事照得山輝
川媚知珠玉之韞懷豹隱龍潛見霧雲之炳蔚

高崧崇嶽疊聳巍峻之觀洪澤巨浸時畜汪洋之勢故地靈而人傑運泰則才多何地無賢寧分東西南朔有取必得豈殊前古後今矧以荊襄古郡鄂郢名區氣壓洞庭胸吞雲夢三湘七澤盡供筆下波濤二酉五疑挺作人間畸瑰至夫李善李邕父子流芳孟宗孟嘉祖孫濟美松風靜閣想魯直之遨遊鸚鵡芳洲憶禰衡之詞賦若乃金嘉魚爲勝代文章之宗匠劉黃岡洵

本朝奏對之名元後學自今先民有作緬芳巖于曩昔思特秀夫人文我施邑俗改南苗域連西蜀碧波問月想謫仙之風流夜郎浣溪訪竹祠之神異來邑山環水抱壤僻民恬百餘年之德澤既深二十載之漸摩彌至桐岡棲鳳應聞雝喈之聲楚水迴龍會作騰蟠之勢本縣隊逐曲江心慙學海未叩木天之秘步花磚而徘徊廼捧民社之書對案牘而鞅掌下車伊始庶務

未遑于多士固有教育之司在斯文尤深飢渴之慕當兹暑退暫引凉歸秋色平分看雲衢之萬里桂甡郁馥歡文藻之生新雖未能沉靜以論文亦竊願彼姝之告我謹詹仲秋之二日爰循李試之舊章不論生童無分新舊操觚率爾含毫邈然有善必揚已稔十年之學懷才勿吝務盡一日之長考辭就班選義按部沈思怫悅浮藻聯編或龍見而鳥瀾或虎變而獸擾雖予

懷之杼軸怵他人之我先杞梓楩楠盡是楚材之寶葠苓蓍朮悉備藥籠之需日前功令維新自是施行有序城垣甫建學校旋興爾諸生不患有志之未遂而患素學之未精惟願勉旃焉

知來者特示

來鳳縣志卷之十一

選舉志

選舉之法昉自唐虞周制論鄉升國考德行道藝而賓興之漢郡國舉賢良方正孝廉博士弟子後或舉茂才或舉明經歲間有詔而無定額魏置九品官人之法晉南北朝因之隋始罷而更置進士科唐有鄉貢有宏博有秀才明經俊士進士書判制舉宋制多依唐舊後分經義詩

賦二科第南宮者曰正奏榜下第者亦次出身曰特奏榜自外舍升内舍自内舍升上舍德學俱優者曰免省又有鄉貢漕貢特賜皆以進士稱殿試始於太祖開寶之六年分甲賜宴始於太宗興國之五年專以對策殿試貢生則始於神宗熙寧之三年罷詩賦治經義則創自神宗熙寧之四年元多紛更而無定例明取士有四科曰薦舉曰歲貢曰舉人 曰進士八月鄉試中

式者送禮部會試中式者三月十五日於太和
殿殿試天子臨軒發策分甲第放榜於天安門
外賜進士及第出身有差後復令郡縣學各貢
一人又詔于廩膳生員内通選學行俱優者以
次挨貢我
朝定鼎科目仍明制
祖元年首舉選拔後間行之其鄉試中式副榜者准
作貢生歲貢府學歲一人州學三歲二人縣學

二歲一人遇

覃恩以正貢作恩次貢作歲

大慶鄉會恩科廣額

國家興賢育材設科取士之法盡善盡美德教之

覃敷無遠弗届蕞爾來邑寧以僻處南疆而或

遺哉思樂頖水雲衢先路今日之青青子衿宜

奮迅有為而毋自畫也爰設格目朂茲多士作

選舉志

科貢表	進士						
	舉人						
	恩副拔貢生						
	歲貢生						

來鳳縣志書

來鳳縣志卷之十二

人物志

天地之性人爲貴十室之邑必有忠信人性皆善孝弟可爲豈窮鄉陬邑竟有或異乎夫人材之汚隆視風俗而風俗之盛衰實係人材君子之處世也制俗而弗爲俗制者也來鳳改縣治僅二十年在昔風尚淳泌人多質性醇厚寧無學行可傳忠孝節烈可風之爲薪錯中翹楚第

以誌乘無紀故老不存將何以考德而論世循名而核實也哉漓者釀之以還醇浮者挽之以就實矧猶有醇焉實焉者乎德政誕敷人物日盛是有望於操風化之原者特虛編左以待後賢作人物志

理學

行業

忠臣

人物

來鳳縣志書

孝子

六十八

義士

來鳳縣志書

人物

志

烈女

來鳳縣志跋

君子居是邦必知其邦之人與事不第知其邦一時之人與事而尤必知其邦昔時之人與事而參證今時之人與事而為政焉乃以率乎昔而不戾乎今或以更張乎今而實繼承乎昔則惟郡邑有志之可借鏡尚已 埭甫冠齡學割來尉至即求所為邑志者將以稽昔而證今為佐治繩蔑如也時地荒人少戶口不滿十千耳市

居茅屋數十家率務實而少事今則五方熙穰
而來奚啻倍蓰矣士日誦讀農日耕鑿工商日
操技貿遷而願出其路願為之民矣而其入與
事自昔迄今均未有紀夫政以行遠志乘也大
車以載斯可以不遺而莫禦八載於茲每竚乎
有聞而率未乃今　堂翁警齋林公與二尹觀
齋蒲公公餘論及輒以志書為汲汲因採輯裁
定以二良史學識兼擅慮無不精核剴詳校對

之餘游夏莫贊第以堠之久淹此地耳飫目習
者芻蕘一得窃備述以供搜錄至若縣治之形
勢創建以逮所謂十六景欝紆繚窈超曠夷猶
若端若委若去若來若高若深若近若遠歷歷
能言之亦歷歷能描摹之而二良史亦不以堠
言之誣而描摹之非真也於是謹識數語於後
乾隆丙子年仲秋之中浣來鳳縣尉三晋浮山
張成堠謹跋

來鳳縣志書

三

來鳳縣志跋

邑之有志猶國之有史所以稽事實垂記載而非鋪張富麗之為也來邑前此七司隸施衛改設二十餘年生聚日繁地工日闢風教日新在昔典籍残缺故老凋謝無芻蕘之可採而即耳目所經延訪所及有歷歷可以紹曩古而昭來茲者未可竟聽之湮没也　堂臺警齋林公視事一載即與　副尹觀齋蒲公商訂志書事必

從實載，惟求詳甚，無取乎虛詞之飾。祥備員河干，職司檢巡，舉凡關津所越，不憚捐造，利濟易危就安，而惟就所聞所見者備述臚陳，以供千慮之一得。若夫筆墨之事，無能為役，亦願學游夏之莫贊云耳。

乾隆丙子年孟冬黔中黄平州董天祥謹跋

修來鳳縣志書姓氏錄

校字

廩膳生員覃述綸　　覃述書

覃玳

生員覃述古　　田大鵬

覃瑫　　覃述圖

覃文基　　向懷陞　　王士超

監生覃琇　　覃述一

監鐫

吏　員張文仲　覃　廣

散毛司舍覃禹基　覃　瑛

覃　珩　覃　玿

漫水司舍向勝富

安撫司舍向　瑞　向　文

百戶司舍向玉卿　向玉爵

向　占

鄉耆杜芳伯　向鴻明

童生張必顯　杜文煊

鞠洪印　向正材

新進

姓氏

來鳳縣志書

荆楚文库

〔康熙〕卯峒司志

〔清〕向舜 修
〔清〕向子奇 纂

《荆楚文庫·方志編》編纂組

組　　長：劉偉成　陽海清（執行）

副組長：劉傑民（執行）　王　濤　謝春枝　范志毅（執行）

參編人員（以姓氏筆畫爲序）：

王　濤　李云超　宋澤宇　范志毅　馬盛南　陳建勛　梅　琳

張　晨　張雅俐　陽海清　彭余焕　彭筱溦　楊愛華　劉偉成

劉傑民　潘　玲　謝春枝　嚴繼東

編　　審：周　榮

顧　　問：沈乃文　李國慶　吴　格

前言

《（康熙）卯峒司志》六卷，清向舜修，清向子奇纂，清宣統二年（一九一〇）抄本。

向舜，字孝先，卯峒土司末代安撫使。向子奇，曾任卯峒安撫司權司中軍。

土司制度是中央王朝在西南少數民族地區通過分封地方首領世襲官職，以統治當地人民的一種特殊政治制度。卯峒土司『東連南楚，南界西蜀』，位於鄂西、湘西、川東諸土司環繞地帶，該區域土家族廣泛分佈，『東連永順司，地名漁例坡、那幾鐵，西南抵西陽司分水嶺、貓兒坡、洗多峽、干溪，北抵大旺司夾牛洞』。多爲今來鳳縣區域。

卯峒土司設置於元末，自向貴什始，實行長門長子替襲。向舜正式襲職之前，因年幼由其叔父子藩代理司事，清康熙五十七年（一七一八）向舜襲職後，發起纂修是志，其胞叔子奇『姿性靈敏，積學有年』，遂委其爲主筆，另延其堂叔向從清秉筆贊襄，於康熙五十八年成書，未付梓，僅抄録兩套，向舜、向子奇各存一套。清雍正十年（一七三二），續補圖、記之後，其書粗成，惜未付剞劂，後幾經輾轉，至乾隆五十七年（一七九二），卯峒土司十四世孫向正彬到武昌看望向舜次子向執中，執中病危又無子嗣，遂將《卯峒司志》書稿託付給向正彬，惜圖、記概已殘缺，僅存目録。清嘉慶十三年（一八〇八），向正彬主修卯峒《向氏族譜》，爲保先人軼事不至湮没，將志稿殘本附於族譜之末，惟山水四時各景略有增補。

是志爲記録土家族土司的專門志書。志前未列纂修人員，亦無凡例，卷首列序言五篇，分別爲康熙五十八年卯峒安撫使向舜、代理卯峒司事向子藩、權司中軍向子奇、庠生向從清所寫《卯峒司志序》，介紹了編寫緣起、纂修經過以及贊襄人員；另附嘉慶十三年向正彬《抄録卯峒司志序》，闡述了志稿的流佈情況及『録附譜末』之緣由，末署『宣統二年庚戌歲六月下浣日　十八世孫向賢宗耀廷氏抄』。

志分六卷四十四目，第一卷疆域志，下列界址、衙基、古蹟等八目；第二卷物產志，下列穀類、菜瓜類、菓類等九目；第三卷建置志，下列分設各房、司内五營、司屬各峒等十二目；第四卷學軍志，下列學舍、兵農等六目；第五卷勅賜志，下列牌坊、職銜二目；第六卷文藝志，下列廣垦植告示、學校序、廣修學舍告示等六目；另附雍正十年續纂圖記，惜有目無文。全書總約一萬六千字。內容方面，各卷繁簡不一：詳者如藝文，所佔篇幅近半，收録描述當地詩詞達六十多首，有律有絶，還有部分唐詩，所填詞牌有『月華清』『天仙子』『鵲橋仙』『踏莎行』等共二十種，是爲卯峒土司的文獻專輯和典章制度的原始記録，對於研究土司制度和土家族歷史，具有極高的史料價值；其餘各卷，則多爲簡述。全書總體記載簡略，層次簡單，卷下設目，一目了然，便於查閱。

是志由來鳳縣博物館於二十世紀八十年代文物普查中訪得，故《中國古籍總目》《中國地方志聯合目録》均未著録是志，此次影印所據底本版面清晰，抄録工整，兹據此影印。（彭余焕）

目録

夘峝司志序

或有問於余曰志何為而作也余應之曰志也者記也記其事以供覯記者也且食貨學校大有關於民瘼尤為有土者所不容略是以夘峝雖地屬僻壤不同乎通都大邑而余先人自明初歷守此土傳職至余司內之食貨學校以及舊跡軼遺事與夫肆序推遷山川景物亦有足以

纂集成志者雖余以幼年襲職知識未開見聞不廣賴胞叔子藩代理司事而及其成立自行治理亦曾有昭示司内各示且胞叔子奇姿性靈敏積學有年足以助余之所不及因取彼素所記載者而閲之仍付伊偕堂叔從清秉筆贊襄草纂成書竊念自有土以來已多歷年所矣因思人事不能無變遷著述之事不輕擅不及

身為之無以見責有攸歸彼所謂莫為之前雖美弗彰者其又何說焉此卯嵩司志所以草纂以貽後世也是為序

勅授世襲卯嵩安撫使向舜孝先氏撰

勅授世襲卯嵩安撫使司安撫使向舜孝先氏撰

卯峝司志序

卯峝荆南之邊疆也余先人自明初撫有此土遞傳至今已多歷年所矣余自署理司事以來曾於涉獵經史之餘見夫古之藉載筆而傳其軼事者紛紛矣因思凡事必有紀於前乃可述於後而欲成司志一書久矣每慮前無所承旁無所証不意余弟子奇曾一一記錄之有一稿質之

司主適含其意乃仍付伊偕堂兄從清草纂成志將見地屬僻壤雖遠不及夫中域名區而司志既已草纂後之子孫自可數典不忘是我司於修志一事較之通都大邑亦宜急急也余因喜余邠嵩之司志成而樂為之序

代理邠嵩司事向子藩題

卯峝司志序

卯峝地屬邉疆東連南楚南界西蜀余先人自明初莅任於斯而衙基屢遷凡司内之舊蹟軼事以及山川之形勝四時之景物所有之物產足以覩記者余自束髮受讀而後曾於遊覽稽考之下一一記之且食貨學校諸大端尤不可略視嘗與司主相與語曰莫爲之前雖美弗彰

莫爲之後雖盛弗傳尚其志事焉司主曰事有足以紀載者有無庸紀載者無庸紀載者而載之難免繁縟足紀載者而不紀載是謂遺美美顧可遺乎哉余豈甘爲遺美之人哉於是不以余之學淺付余秉筆纂修余曰美不可遺而美亦何有窮哉司主曰美雖無窮而其要可握余固不嫌掛一漏百將所有事實擇其尤雅有關

民瘼者提綱晰類以余堂兄為贊襄草纂成書雖不敢云有合體裁而司志之大槪已成余因為之援筆而序

邛峝安撫司權司中軍向子奇撰

卯峒司志序

余自余父隨余祖母寄跡酉陽，余父業分所易，余是以籍入酉陽，采芹泮水，於肄業之餘應試之下，見夫勝境名區，莫不各修有志。因思余先人自明初蒞任卯峒，鎮守邊夷，遞傳十餘世矣。雖不敢媲美通都大邑，而山奇水秀，四時行，百物生，亦有足誌之，以與先人之軼事並垂於奕

禩者且食貨學校有關民瘼是修志一事想亦
有土者之責也第余以身居異域邦族久睽前
此僅虛頗徒存耳迨康熙五十五年余偕弟兄携
眷言旋桑梓閒嘗於歲時伏臘少長咸集敘及
修志一事亦尚託諸空言及至五十七年司主
視事始以志事付壹弟子奇修纂以余為贊勷
草纂成書雖未必有合體裁而與余疇昔之心

有合焉是爲序

旨

康熙五十八年己亥歲孟春月庠生向從清當

世氏謹序

抄録夘峝土司志序

余於乾隆五十七年至武昌省值舜伯父次子執中兄患病往省之嚮見余而喜曰余之責今得卸矣余問其故則曰曩者余父時際年邁長兄遠仕特出未改土時纂成夘峝司志付余囑曰是書也乃有土時先人及余實心實政所見端也迄今三十餘年言猶在耳夫豈忘心第余

今年近古稀不幸無嗣多病諸姪年幼常恐身後失先人之手澤弟令來此則書之存而不失余於弟有賴焉弟亦當好為收存余接而歷觀之見係抄本且各圖記概已殘缺僅存其目詢之答曰余父曰此書原係二本其一康熙五十八年爾叔祖子奇代余纂修其一乃余見先年纂修各項有可以繪圖作記者余於雍正十年

付堂叔祖補修始繪圖作記焉書粗成子奇祖即去世後補修未幾余恳請辭職因未付於剞劂置之篋底久未弄及致將補修圖記概被蠹耗殘缺以故第存其目耳余於是拾之以歸越嘉慶十三年戊辰冬余合族衆纂修譜係因思先人有軼事有一令其湮没亦後之所不忍也矧執中兄遞相授受之語尤不顧余之違之也

爰按其陳跡錄附譜末惟山水四時各景妄續俚句一以藉以見先人之面目一以不負舜伯付執中兄付余之意焉耳矣是為序

旹

嘉慶十三年戊辰歲冬裔孫向正彬謹序

湖廣夘峝等處世襲軍民安撫使司安撫使向

夘峝司志目錄

疆域志一卷

新司城春夏秋冬四景

物產志二卷

建置志三卷

分設各房

司屬各峝

司内頭目

新寨頭目

覃家營頭目

安種各地名姓氏

司内五營

司屬官

二房頭目

江口頭目

截盜河頭目

學軍志四卷

勅賜志五卷

目錄

雍正十年續纂圖記目

疆域總圖
張王廟圖
秦古寺圖
老司城山水八景圖
新司城春夏秋冬四景圖
承恩記
各衙基形勢圖
大書院基址圖
獅子頭圖
新司城山水八景圖
疆域總記

目錄終

邛崮安撫使司志

疆域志一卷

界址

東連永順司地名漁例坡那几鉄

南西抵酉陽司分水嶺貓兒坡洗多峽莫河送軏漫

北抵大旺司夾牛崮

衙基

老司城 自昔建

截盗河 十世祖同廷建

天井堤 十世祖同廷建

水護坪 即新司城自十二世子坤公始

古蹟

張王廟

廟之建於老司城署前也自喇喏祖始由明迄今往靈（往）異故凡課晴問雨禳災求福者皆叩之靈感

大書院

向政公建於老司城署右新寨左之山麓以教子弟並民間之後秀自向蒿禍後惜僅存其基耳

秦古寺

山在新司城之東面聳然特立絶頂曾建寺屺廢已久而鐘聲常自荒煙中出或比

於豐山之勝吾謂豐山之鐘霜降自鳴此無鐘而有聲抑亦奇矣

獅子頭

新司城東去十里許乃新司城之水口山也形肖獅子其上有觀音蹟間於雞鳴後聞誦佛聲誠司内之勝境也

山水源流

老司城山水

環司皆山也山之原發於蜀源源而來磅礴鬱積層巒疊翠儼形勢之大觀也其水有二俱來自蜀滙於新司城之前東流而下與高羅忠崗散毛大旺永順諸水會於老司城之前南達於辰又東滙於彭蠡此兩司城山水之源流也

仙人峝

城東去十五里許即卯峝峝之左(上)右(左)右石壁高則數百丈壁中一峝峝口千尋天造横欄擎三柞列於峝口朽則易之以新有非凡人所能造者因以命名

漊漊峝

城東(東)去三里許一峝前臨河内石形似漊漊

疊 戥

立於石台上左右有石脚踏之如鐘鼓聲俗謂之

石鐘石鼓

穿崮

城東去十里許山頂上一崮每於月照中

外俱澈

搭步礄

司南去路沿河岸皆石壁上行至十五里

山

山溪截路若非天造石礄人何以渡

卯峝

司東去十五里一峝如圓門忠峝高羅大旺蜡壁諸水從此流出舟楫難通任水泛漲從未聞有懷山傾洞之災峝上面即仙人峝

烏龜背

匾或

司西去三里許灘上一石形似龜與水為消長漁人常驚喜焉

老潭河

司東去二里許一潭水來自夘崗其深不知其數十丈也水旋萃聚每逢晴雨常有巨鱗鼓浪潭左岸即連司寨上半里即漊

漊崗

老虎灘

司東去十三里許一灘不時水吼其聲似虎

新司城山水

秦古寺

司東面一峯林木深茂上有寺蹟不知建自何年時每歲或聞鐘聲二三次惟静聆得之

腰帶岩

司署面山中横明岩若帶月照之較他處倍明潤光華

月亮岩

司北去十三里許有岩形與月相似光華細膩勝於琢磨月下望之與鏡無異

筆架山

司西去十二里許三峯並立遠望之天然筆架

龍頭嘴

司署前兩水流會中夾一麓曰龍頭嘴春夏水漲兩江雖濁會合處間有一片藍色如藍布拖浮水面常令觀覽莫置

馬娃潭

司南去十五里許潭中有石其形似駒與水爲消長亦司内之奇觀

漩潭

司東去十里許一潭其水從司署前流去至此不狗消長常瀠洄不息

大小龍潭

司北去二十里許一潭兩岸石壁對峙怪

石順流而拖其中鱗族不知凡幾每逢陰晴魚躍于淵莫或使之若或使之

老司城山水八景

峒口排栅 此即仙人峒

仙嫗遺像 此即嘍嘍峒

山底流泉 此即外峒

巨鱗吹縠 即此老潭

月明兩面 此即穿峒

搭步成梁 此即搭步橋

磯狀龜形 即烏龜背

泉響似虎 即老虎灘

圖成

新司城山水八景

古寺留聲　即秦古寺

明鏡懸岩　即月亮岩

夾瑞拖藍　即龍頭嘴

水面波洄　即漩潭

玉帶長懸　即腰帶岩

筆架排山　即筆架山

石駒浮江　即馬娃潭

陰晴魚躍　即大小龍潭

新司城春夏秋冬四景

兩峯夾燕

司東去二里許兩峰對峙春日燕來必由兩峯中入斷不越峰而過左峰秦古寺右峰即司城後山

踏樹步江

司前兩水交會潭下一灘有柳樹一株橫卧灘中夏日鯊魚多於急流處交合生子捕之者或踏樹上持叉或立灘邊舉網旁

圖 或

觀尤喜捕魚狀

岕巖取蜜

司屬岩蜂四十八座險莫險於大嵩大嵩北去二十里岩高百丈秋日取蜜者攀援而下十數丈得斜石徑寬不及尺由此横過十數丈一石槽寬約五六尺以小木數根成梁過去名箱子岩横截於徑必抱定

此岩旋轉而過旋轉時活動有聲至此上方用繩縋下自將身捆定吊下十數大而蜜始得其繩有三一名坐纜一名糖纜一名定底纜

角鳴獵喧

環司皆山草木暢茂禽獸多焉獵者於冬日常鳴角逐犬以求之

疆域

物産志二卷

穀類

稻穀　麥　蕎　荳　秋穀

小穀　鵝掌　芝蔴　高粱　旱穀

菜瓜類

莧菜　甜菜　青菜　蘿蔔　苦蕒菜

葱　薤　木耳　蒜　蕨

筍 東瓜 南瓜 西瓜 北瓜

苦瓜 王瓜 茄子 豇荳 扁豆

高筍

菓類

柑 梨 桃 李 栗

梅 橙 橘 柿 核桃

葡萄 櫻桃 枇杷 木瓜 香圓

細茶附

粗茶附

木類

楠木

樟木

黃楊

烏梅

杉

桐

松

柏

榛

棓

棕

桑

栁

棉花

蘇

葛

竹

蠶附

藥材

連蓬　黄柏　黄連　厚朴　牛膝
常山　棓子　凍緑　花椒　藤勾
何首烏　熊胆　麝香　鹿茸　猴結
山羊血　蟬退　蛇退　蜂蜜　黄蜡
望月沙　露蜂房

花類

桂　梅　蘭　菊　葵

石榴　薔薇　海棠　芙蓉　芍藥

金鳳　水仙　焰山紅

獸族

熊　虎　豹　兔　鹿　獐

犰　獺　狐　猿　山羊　野猪

山牛　箭猪　泥猪　獾

禽獸

鶻 鶴 鳩 鷹 鷺 錦雞

竹雞 百舌 烏春 子規 黃鸝 蜂

蝶 畫眉

介族

鯊魚 鯉 鯽 鯖 鰱 龜

蟮 鰍 穿山甲

建置三卷

建置

分設各房

二房　三房　四房　五房

司内五營

中營　前營　後營　左營　右營

司屬各崗

新寨　江口　覃家營　新設異姓

司屬官

經歷一員

司屬頭目

護印一　權司一　總理一　中軍一

五營總旗各一　旗長各一　旗鼓各一

農官一新設　千總　把總千把無額

二房頭目

僉事一　巡捕一　署事一　馬杵一

建置

三房頭目

巡捕一新設

新寨頭目

嵿長一

長官一新設

江口頭目

嵿長一

覃家營頭目新設

峒長一　署事一　農官一

截盜河頭目

團総

安插各地名姓氏

截盜河

康熙四十八年安插　顔正秀　王通智

彭光朝　孟汝平　陳心恒　李茂照

建置

尚長垻
康熙五十一年安揷楊勝敏　楊勝啟
龍潭垻　二台坪
康熙五十三四年安揷　雷士瑞　鍾尚朝
李大綱　滕先之
楊梆溝
康熙五十四年安揷　滕先之

龔家垻
康熙五十二年安揷　鄭見先　伍名泰
楊柳溝頭截以下安揷雍正十年補入
康熙六十年安揷　李大綱
馬立垻
雍正五年安揷　楊勝啟
啞聾
建置

雍正五年安插　王子賢

馬路溝

雍正七年安插　廖士貴

坐線坪

石灰溪

後　槽

雍正九年安插　田玉圭　楊俸才

學軍志四卷

學舍

司城成材一

各崗學舍

新寨一

覃家營

兵農

學軍

蒙童一

江口一

截盗河一

惟農力穡兵則捍衛分之爲二合之則一蓋司內之兵農異名而同實者也有事則荷戟以從無事則務農講武其殆則傚夫古者寓兵於農之意焉

兵器

子母炮　和唐炮　拐子鎗　手鎗

排鎗　長钂刀　夾钂刀　腰刀

弩　箭　纛　旗

生皮盔　生皮甲

風俗附

卯峝地處邊夷、風氣古樸，不尚奢華、無盜竊之虞、少雀角之爭、疾病專信巫鬼、喪事每尚歌謡，邇來讀書之聲、不絶於境内焉

婚喪附

[illegible]子軍

嫁女之家三、夜不熄燭、娶婦之家三日不舉樂與夫喪三日而殯、三月而葬者、古禮也、夘尚雖未能謹守不失、而要之與大聖人與奢寍（寍）儉與易寍戚之語、則未必無差合云、

葬祭附

葬從死者、蓋因職分之尊卑、定葬期之多寡、所定之多寡何如、夫亦曰官七、舍五、民三日耳、至

祭從生者、亦有七獻、五献、三献之别焉、

勅賜志五卷

牌坊

忠勇絶倫坊

忠勤獨著坊

王命旗十四桿

王命牌十四面

勅賜

洪武六年賜貴什祖
卸書一套
綵緞十端
金福字牌匾一面
永樂七年賜喇嗒祖
蟒袍一襲
金花二樹

綵緞十端
海味四樣
正統五年賜那吾祖
欽奬功勳牌匾一面
金花二樹
紵絲二疋
嘉靖四十壹年賜政祖
勅賜

忠勇勤勞坊
隆慶四年賜明輔祖

職銜

總理
正統四年經略大將軍吳功給向僉俾

僉事
正統四年巡撫兩廣都御史韓巡撫湖廣都

御史鄭功給向洛俾
錦衣指揮使
宏治五年功賜向仁
前營千户
宏治五年功賜 向虎威
參將
萬曆二十八年功賜向明良

勅賜

以上各職銜均須降劄付被向蒿之禍概被焚燬無存

文藝志六卷

廣墾植告示

為開財源以足衣食事、照得治道、首重農桑、必土地闢、始有飽食之慶、樹植廣、乃無號寒之悲、蓋農桑者、衣食所從出也、故一夫不耕、或受之飢、一女不織或受之寒、若是則衣食之足、莫要於墾植之廣也。本司卯峝、地處邊夷荒、山雖多、而有水之地亦不少、前此干戈擾攘之秋、未暇廣行墾植。自　本司襲職以來、幸獲蒙業而安、但民間之耕織雖未嘗廢、而豐衣足食之慶究難歷豐歉而一致、是豈飽食煖衣、不可以力致歟。想亦由惰農自安、不力開墾、不勤樹植任土地之荒蕪、而財源莫開使然、今特示諭、凡有業之家務相其有水處、概行開墾成田、即屬旱地亦須遍勸耕種、且桑麻之蓄、貴取不盡而用不竭、尤恐內有梗頑、敢於不遵示令、本司特設農官、以省勸惰、查其荒蕪、俾財源開而衣食豐足、無論年豐歲凶、鮮飽之嘆不聞。號寒之悲可免。此本司之所深願也、爲此示仰司內人

民知悉，務宜凛遵無違，倘有遊手好閑，不思竭力墾植以開財源者，不惟難免農官懲責，即本司亦决不寬宥，特示

文藝

學校序

嘗思學校之設原以作育人才以備
國
家之用余素有志緣例請設奈司內自余明輔
祖時遭向蔦等謀叛後人民寥落有志讀書者
百不得一幾置斯文於不講矣余因思人不學
不如物且士不通經果不足用先王圖治庠序
必居井田之後外嵩雖屬僻壤而人性皆善任

有土之責者亦宜法先王以立教也詎得於官微而遂無振興之志耶所以余於司內及新江各處均建修學舍外示諭各地就近多設以便延師課讀俾肄業者得以居肆成事朝斯夕斯文理通暢暫送荆州附考俟文風日盛另行緣例請設以廣作育焉是為序

廣修學舍告示

為廣修學舍以厚風俗以隆作育事照得古者建國君民教學為先而人才振興雖由教化使然亦資肄業得所故郅隆之世廣教澤於司徒正樂悉於家塾黨庠端其藝習　本司邠嵩雖曰邊夷亦風俗宜厚人文可興之地特工必居肄乃成其事是以　本司除司城並新江各處

示

建修學舍外合行出示曉諭為此示仰各地知悉嗣後務各就近修設俾成人小子各得其所凡為父兄者固當加意教督而為子弟者尤宜潛心肄習則日變月化教孝弟禮讓之心油然而生且能志圖上進功力深而自足以揚名顯親蓋司内雖無學額　本司自可移文暫送荆州附考俟文風日盛即行緣酉陽之例請設學額

將見風俗厚而作育廣可無慮人文之不振與也。凡司内人等務須踴躍從事無負　本司之至意特示

等級儀制告示

為定等級以肅儀制事照得司内之員親莫親於護印而權司總理次之貴莫貴於權司而總理中軍次之權司總理中軍為司職極品上則資其輔相下則任其指揮非才德兼全莫任其職中軍轄五營五營有總旗旗長旗長次之旗鼓又次之千總把總為弁之末至若内侍之千

總出入護衛外衛之把總奉使出差較之各營千把伊則尊焉司以外僉事為一房首領見五營而却卑臨巡撫而民右職同峝長權亦無異署事馬杵雖曰弟兄究分低昂署事次於巡捕捕馬杵次於署事各房外峝長為一峝之主無征伐之權有刑名之任旗長與之敵體長官又係屬員總之五營以上非舍不用總旗以下異姓

同官除新江兩﨑外自權司至千把賢能則委任終身不肖則革職另選各宜恪守備俾參謁儀制森嚴有不遵定制妄自尊大藐視上屬除革職外另行重究特示

示

分房除獎告示

為分列房系除獎溯源事照得邜嵩僻處一隅乃
朝廷之藩鎮荆南之保障自唐宋迄元世授宣撫使守鎮邉夷譜牒制作非無傳聞奈世遠年湮未免殘缺無徵不信惟傳至一世祖貴什公值元明改草時陳友諒張士誠等竊土僭號爭雄一方世祖能識起自布衣之洪武歷

示

數在躬攀龍附鳳功垂竹帛文獻俱存取証不
爽自喇嗒祖接贲後塵除敕設流官經歷並附
庸百户外分建新江二峒連司長官設立五營
七甲及總理僉事二員至那吾祖任事後添設
前後左右中五營各營設總旗旗長旗鼓等職
同姓分十二房房設僉事巡捕署事馬枓等官
司内設權司護印二員轅門外設七姓把總自

後代因其職概　自明輔祖時遭向蒿等謀叛兩次侵襲尸積如山血流成渠歷有傳聞自後數世兵戈不息司城屢遷新江亦叛致先世所設五營七甲十二房有疑司破主亡而盡節者有死於疆埸者有畏害而遠逃者有見勢弱而他投者且被擄有轉有未轉者當是時也竊疑黍離葛藟之什慘為　本司邜嵩咏矣後幸叔祖

二府攝行司事立志恢復先服新寨後歸江口基業賴以不墜已曾分房設職但未開明世系致各房不肖之輩本係此房子孫有謀於彼遂稱係彼房之裔本係彼房子孫有仇於彼遂竄入此房之後以致一脉之親共事一人者往往自相結仇構禍迄今不嚴除斯弊保不蹈向高之轍者幾希矣是以 本司除給覃本輔爲峝

長覃可富為署事覃海龍為農官鞠志奇為長官外將向麟子孫列為二房向體春子孫列為三房向韜子孫列為四房向畧子孫列為五房其二房户口林總按户准給僉事巡捕署事馬忭等員三户准給巡捕一員四五兩房果矢志忠誠後當量才委任復將二三四五等房及新江二嵩二員並運司分支世系悉照譜系逐一

開於后爲此示仰新江二峒及各房等知悉嗣
後務各照係各歸各房毋得任意混竄如有不
遵定行重究特示

老司城山水八景詩

洞口排栅

灪瀑灘頭起翠烟，千尋洞口草線綿。橫欄不徹令猶昔，疑是桃源過後編。

仙嫗遺像

記得英皇栖亢巖，於今古像又伊誰。霜鬢千載仍如故，想是英皇暫下帷。

詩

月明兩面

古洞崔巉却是穿中間無物好流連夜來靜看溶溶月恰悟當年一貫傳

搭步成梁

小溪隔斷指窮途天造平礄一望殊曳杖歸來渾不解回頭且細問公輸

山底流泉

流泉曲曲蕩晴烟傍却高山低下緣我問山靈
山不答曉人自悟聖功詮

磯狀龜伏

步到江濱上石磯窮形擬象活龜依半藏半見
人不識却與時人决是非

巨鱗吹縠

清波浮面綠漪漪惹得巨鱗次第吹不是圖面

詩

貪不去稀微宕漾樂忘疲

泉響似虎

緣何虢虢諫人聞山下蒙泉漸欲分石激波旋

爭赴海須知炳烺出溪雲

新司城山水八景詩

古寺留聲

靈峯古迹自年年夜半春星照寺前忽聽鐘聲

敲百八想來毛女學叅禪

玉帶長懸

何年封錫在靈嵒玉帶横披未署銜半壁鈎環常映月不知幾受紫泥函

明鏡懸岩

石鏡瑩瑩半壁懸孤高直接碧雲天任他風雨時常過不叱菱花破復圓

詩

筆架排空

三山並列入雲空筆架高低一樣同信是江淹
曾鄭重何如恰遇小樓東

夾瑞拖藍

閑來無事望龍頭瑞色蒼蒼水上浮閒到連江
拖不斷青苔緑柳共悠悠

石駒浮江

影射天星駟欲寒魚遊似佖不曾安總緣此石
鍾靈厚特貿圖形水上蟠

水面波洄

一泓清可浪悠悠玉帶縈洄古渡頭水面文章
圈不盡騷人過客去還留

陰晴魚躍

大小龍潭一曲灣多魚常自依蒲間晴天獨得

詩

攸然趣也作升騰向上攀

新司城春夏秋冬四景詩

兩峯夾燕

江濵夾岸豈雁門中間燕子每翩翻輕斜逐墜

春三月想與故人結故園

踏樹捕江

江邉古樹入江中影見鱠鯊向日紅借問臨流

怎舉網芒鞋踏處看漁翁

步巖取蜜

石蜜釀成業幾秋人人觀望取來不丁寍囑咐兒童輩仔細攀援仔細来

角鳴獵喧

遥聞鼓角小林邊逐到溪頭笑語傳取彼為裘弓映月歡聲直到夕陽天

老司城八景集唐 七言律

洞口排欄

太極之元混沌坼碧城十二曲欄杆嵌崖巨石
自成室疊嶂層峰坐可觀皓色分明雙闕（牓）長生只要
一丸丹誰能學得逍遥客曉漱瓊漿氷齒寒
符載 李商隱 蕭祜 崔珏
白居易 王建 李涉 包信

青

月明兩面

一片秋空兩月懸分明挂在碧雲邊莫言天上惟孤影目極雲霄思浩然自要乘風隨羽客不知今夕是何年一千三百如輪夜何處風光最可憐

徐夤　繆氏子　韓偓　温庭筠

高駢　戴叔倫　張蠙　白居易

仙嫗遺像

骨聳氷凌貌瑩然何須問[illegible]洞中天容顏盡恠長如
舊世上多疑是謫仙會得乾坤融結意已經秦漢幾
千年晴空禮拜覲真像留與丹青作畫傳

張祜　貫休　白居易　張籍
張固　羅隱　劉禹錫　薛據

搭苂成橋

畫破青山路一條回看一曲倚危橋幾家漁舍氷綃

詩

隔十里江村水墨描架險陵空隨指顧風清地古帶前朝題橋每念相如志也跨寒驢挂酒瓢

鄭良士　秦　系　顧　況　熊孺登

竇　庠　陸龜蒙　杜荀鶴　羅　鄴

卯峝穿江

洞穿江底出江南水物山容盡足眈異草奇花人不識寒、清健碧遠相涵胸中壯氣猶須遣世上風流笑

苦諳此境真應詞客愛醉歌烏帽遅雄談

王　維　皮日休　智　亮　齊　己

白居易　女　威　韋　莊　年　融

磯狀龜形

龜能顧印誰相重正直還因造化功六甲離離齊上

下元精耿耿貫當中奇形怪狀誰能識豁目開襟許

暫同八卦氣中潛至寶真元浩浩理無窮

詩

劉　兼　杜　甫　柳宗元　李　賀
吳　融　令狐楚　呂　巖　韋應物
灘聲似虎
江上秋風捲怒濤不成長嘯但成嗥簾櫳向晚寒風
度烟霧皆收皎月高半渚烟嵐遥隱隱逝波終日去
滔滔何人正得風濤便蓮葉輕舟學自操
孟　貫　李　徵　張　繼　李　中

徐鉉 貫休 崔塗 郭受

其二

虎溪聲合幾峯泉萬里波濤在目前積雨晴對青草
徑楚人皆逐下江船已能輕險若平地耐可乘槎直
上天舟楫杳然從此去世間無物可勾牽

齊己 沈彬 徐鉉 許渾
顧況 李白 杜甫 白居易

詩

巨鱗吹縠

波浪無涯盡暴腮紅鱗多自鏡中來渚香杜若抽心短風掃晴嵐盡障開麗日晴天相照映落花飛絮共徘徊忽然分散無蹤影疑是神功不可猜

許渾　方干　白居易　杜光庭

萬齊融　雍陶　韓愈　唐彥謙

新司城八景集唐　七言律

古寺留聲

松間已掩白雲封未卧嘗聞半夜鐘此際塵心應已
斷當時一笑也難逢遠林歸鳥亂還集近寺浮烟翠
且重此景此時誰會得悔將名利役疎慵

李商隱　劉　商　皎　然　羅　隱
陸龜蒙　杜　甫　永　明　薛　逢

玉帶長懸

詩

暫愛江頭風景清殷勤傍石遶泉行合憚巧間雙盤草
帶微潤將融紫石英碧落晴分平楚外日華浮動
翠烟生幾人同保山河誓佩印當期季子榮

武元衡　白居易　秦韜玉　皮日休

劉　兼　劉　滄　陸龜蒙　羅　隱

其二

好倚青山與碧溪朗唸閑步喜相携嵐光未斂林初

嶺水勢爭分路轉迷瑞氣迴浮青玉案閑身應謝
紫金泥為予寄語垂紳客萬古榮華旦暮齊

羅　鄞　張　貴　劉得仁　李德裕

耿　諱　羅　帆　胡　宿　杜　牧

明鏡懸崖

堅貞一片色猶全碧落誰分造化權但覺虛空無障
碍可憐光影最團圓不知今夕為何夕長取新年續

詩

舊年留向人間光照夜迴疑江月半嬋娟

劉　商　徐　寅　白居易　張　籍

賈　島　張　說　含　曦　李　紳

筆架排空

自拂烟霞安筆格天外三峰削不成珠　王會因成咳唾雲山經用始鮮明紫光稱近丹青筆餘力猶隨鳳藻生詩思又牽吟詠發不妨高處便題名

陸龜蒙　崔灝　杜甫　李紳

韓偓　羅隱　白居易　朱慶餘

夾瑞拖藍

亂雲堆絮滿澄潭水色侵磯直似藍藤峰竹舟相掩

映淺青深碧疊東南河邊淑氣迎芳草林外遥山隔

翠嵐時遇一聲新水調仙舟揺探鏡中酣

韋莊　陸龜蒙　杜牧　崔櫓

詩

孫逖　年融　白居易　張說

陰晴魚躍

護江隄白蹹晴沙水面魚身總帶花遠信初憑雙鯉去芳洲肯恨柳絲遮即令好景留人住便欲垂綸到日斜學得莊生濠上樂棹聲烟裡獨咿啞

白居易　薛濤　王勃　朱慶餘

劉威　章碣　胡宿　韋莊

水面洄波

水蹙斜文剪綠蘿柳邉風去綠生波山含瑞氣偏當日鳥識歡心亦解歌此外俗塵都不染閑中滋味亦無過欲拈霜管題詩句醉舞詩狂漸入魔

張祜　羅鄴　盧綸　王維

李頎　徐鉉　郎士元　元稹

石駒浮江

詩

波中萬古生幽石定是龍虬天上來乍結精華齊永
刧自然靈貺作梯媒綠萍白芷遥相引嘯狖啼猿見
盡猜浮世近來輕駿骨欲題風韻愧凡才

吴融　張說　齊已　吴越僧

韓翃　貫休　羅隱　楊巨元

新司城春夏秋冬四景集唐七言律

兩峯夾燕

朝瞻雙頂青冥上暖掠紅香燕燕乱林下水邊無厭
日松聲草色共忘機和烟宿處雲生石帶月乱來
雪滿衣雙啄双乱双顧影百禽靈性比他稀
獨孤及 譚用之 白居易 皎然
秦系 鄭谷 張祜 徐寅

踏樹捕江

志在烟霞慕隱淪尋朝背日伺泅鱗久擠野鶴如双

髩羡與閑雲作四鄰谷鳥自啼猿自嘯青山長在境長新祇將波上鷗為侶萬事風吹過耳輪

李　珣　李商隱　杜　甫　司空曙

施肩吾　高　駢　杜荀鶴　王　建

步岩取蜜

自履藤蘿收石蜜此中道路古來難懸崖絕壁幾千丈平地凌雲勢萬端近水遥山皆是畫溼衣空翠

不曾乾畨身挂影恣騰踏未敢公然仔細看

李　賀　劉禹錫　劉長卿　王　周

何元上　徐　鉉　顧　况　李商隱

角鳴喧獵

遥想平原兎正肥草頭弓馬疾如飛亂峯深處雲居路寒、葉嶺頭人往稀飽食温衣閒過日村情山趣頗忘機風吹畫角高城晚猶憶當時夜獵歸

詞

章孝標　薛逢　方干　齊己

白居易　段成式　郎士元　羅隱

老司城八景詞

仙岡排欄　調寄仙岡歌

嵌空絕頂石壁開仙洞誰鑿乾坤混沌孔作昂頭惟見甜閭谽谺門巃嵸隔斷紅塵閙閧　凌空排玉檻妥貼縱橫易舊添新結雲棟是鬼斧神工巧奪般倕金不假人間作

用問林屋天台更何方但髻鬟烟霞早清魂夢

月明雨面

山倚崆峒洞穿厓厈永夜蟾光如水更好在圓時玉宇無塵千里只一輪寶鏡孤懸看兩地清暉共美頻擬訊廣寒宮裏嬋娟何似　令夕不知何夕問酒客騷人可能來此吮筆揮毫描寫洞天福地更舉杯對飲成三全洗淨胷中塵滓狂書便乘風歸去超然遠矣

仙媪遺像　調寄天仙子

詞

姑射神人氷雪概洞裏更無塵可礙婆心一片儼慈悲石匪介形匪怪流水白雲觀自在〃人世許多名利債此媼伽趺何蒂芥滄桑閱歷幾千秋山一帶水一派别是蓬壺仙境界

搭步成橋　調寄鵲橋仙

坤輿構巧崎嶇崖洸石作飛虹暗度歸程去路任相通勝幾許人功無數　江空水落霜清人迹略彴無愁朝暮消魂何用遠闗情試問取天然搭步

卯峝穿江　調寄驀山溪

武陵何處，聽説仙源杳，空自誤漁人，怎如斯竅通山竅，玲瓏驕者中貫一條江，開突奥，真神妙，圖畫難形肖。　飛流濺瀑，濤龍噌吰調，不用五丁成，儘鴻濛自分穿竅，間尋石罅，陡自嗡然驚，發長嘯，添詩料，應對山靈笑。

磯狀龜形　調寄踏莎行

詞

繹獵殊名觜蠵表瑞居然曳尾泥中寄石磯左
顧實權奇千年蓮葉同遊戲　松下叢蓍牀頭
搘睡何如江上添幽思憑君莫説影娥池十朋
益我惟斯地

巨鱗吹縠

一碧沉潭淵渟處夘肯湍湫凝望眼巨鱗往來
吹縠萬古仇池今不見千層桃浪欣相逐問龍

門變化幾多鱗三十六　相思字宜藏腹相呴
際堪娛目看揭鬐鼓鬣噞喁閃倏洄轍盜教頳
尾困吞舟欲效奔鯨速叉　何當更化北溟鯤天
池浴

灘聲似虎

調寄定風波

江上疑聞虎怒嗥那知攢石濺驚濤楚水迢迢
初破浪千丈怕從虎口放輕篙　撇漩抄瀆三

詞

老慣争看此處如何走下牢安瀾令有慶深幸一帆風滿去滔滔。

新司城八景詞

調寄婆羅門引

古寺留聲

鷄園舊蹟悠揚五夜發清音似魚上韻沉沉欲問聲歸何處縹緲更難尋正風清霜白月冷花陰迢迢翠岑依傾耳豁凡襟不是姑蘇城外愁畔孤吟思量陳迹想當年布地黄金塵夢覺頓

息機心

玉帶長懸 調寄玉連環

一條玉（赬）圍（圍）腰稱萬釘全勝眼裝犀製兩依稀（鞶）綬宛縈苔徑　何事垂紳搢珽自然清瀅曾聞坡老解連環今日又堪持贈

明鏡懸崖

蜀國傳留石鏡楚山重見嬋娟懸岩高掛一輪

詞

圓、菱花掩映翠微烟、　何處飛來金鑑、秦宮照膽争研、山鷄誤認舞蹁躚、還想像溫嶠王臺前

筆架排空　調寄青玉案

珊瑚擬向徐陵借望遠岫排空架、依約文房相匹亞、紫毫青管漢麋秦兔、紙貴應無價、　錦文石鏤人驚詫、四管播傳並牀藉、誰搦如椽揮灑罷、一枝高閣、寸心閒暇、

夾瑞拖藍 調寄清波引

平小山麓形勝比玉龍蟠伏兩江流蹵二水中

拖綠涇渭等分明一縷徽藍相屬但逢江漲濤

翻有清泚堪掬 淪漣影簇好風景滄浪一曲

遠烟晴旭喜鷗眠鷺宿何殊粤江畔水作青羅

交東待寫江上詩情繪圖成幅

石駒浮江 詞寄解蹀躞

好是龍媒奇種化石浮江水水分消長石狀只如此還認汗血天材當年馺[illegible]騫騰暫停中沚更誰比漫說竹披雙耳跼跳脫鞭弭不逢伯樂安能走千里却羨駿宛然恐當春浪暖時化龍飛矣

水面洄波

調寄浪淘沙

水面漾迴波綺縠難過方圓曲折媚煙荻孕玉

懷珠千頃碧，倒影旋渦。灘漁續紋多，氣抱中和。蜀江又道水如羅，似此瀠回同錦里，誰譜清歌。

陰晴魚躍　調寄魚遊春水

陰晴天未定，水際魚遊爭出泳。從知物性，在藻依蒲相併。晴日烟波時喋唼，而後落花閒弄影。閃爍萬頭，悠揚千頃。活潑天機共領，此樂魚知人未省。休論策策堂堂，均成化境。槎頭縮項憑

誰釣江上錦鱗空寄顋極目蒼茫試拈題詠

新司城春夏秋冬四景詞

两峯夾燕

詞寄双双燕

前岁雙峯環翠春到處鄉明媚燕子年年春社

後睇此雙峯遥至寒食杏花時前度碧尖猶記

臺畔玉篁誰置烟外縷痕牢繫王謝舊時風

景異憶主人情義歲歲度雙峰不似危巢難寄

踏樹捕江　調寄漁家傲

長夏江村人事少烟蓑雨笠尋江表江樹茅杈枒

波灝⿰氵皛踏樹秋風又一擲金鱗繞　投犒無煩

誇技巧一聲欸乃烟波曉斜日半竿收網早歸

來了烹魚暖酒真安飽

步岩取蜜　調寄小重山

凸凹秋山窄徑危採石蜜上厜㕒失身一落險

吁戲誇輕捷懸絙比兜嬉　野處悉波斯武都
岩厂裒汁如飴莫辛苦爲若爲誰雲卯與採蜜
有先師

角鳴獵喧　調寄師師令

草枯雲淨走嶔崟山徑亂鷹放犬趂冬晴鼓角
鬧重崗複嶺　毛羣羽族相驅騁問誰稱雄猛
豗呶闛鞳共吅　呼競得雋絕倫超等盡道豐年

野物饒快活三冬景

宣統二年庚戌歲六月下浣日

十八世孫向賢宗耀廷氏拟